'수학', 부모가 바뀌면 아이도 달라집니다

수학이
쉬운 아이로 키우는
부모의 힘

혜지원

수학이 쉬운 아이로 키우는 부모의 힘

초판 인쇄일 2025년 11월 21일
초판 발행일 2025년 11월 29일

지은이 전미정
발행인 박정모
발행처 도서출판 혜지원
등록번호 제9-295호
주소 경기도 파주시 회동길 445-4(문발동 638) 302호
전화 031)955-9221~5
팩스 031)955-9220
홈페이지 www.hyejiwon.co.kr
인스타그램 @hyejiwonbooks

기획 김태호
진행 박혜지
디자인 첫번째별디자인
영업마케팅 김준범, 서지영
ISBN 979-11-6764-090-1
정가 17,000원

Copyright©2025 by 전미정 All rights reserved.
No Part of this book may be reproduced or transmitted in any form,
by any means without the prior written permission of the publisher.
이 책은 저작권법에 의해 보호를 받는 저작물이므로 어떠한 형태의 무단 전재나 복제도 금합니다.
본문 중에 인용한 제품명은 각 개발사의 등록상표이며, 특허법과 저작권법 등에 의해 보호를 받고 있습니다.

'수학', 부모가 바뀌면 아이도 달라집니다

수학이 쉬운 아이로 키우는 부모의 힘

혜지원

머리말

맹모삼천, 부모수학지교

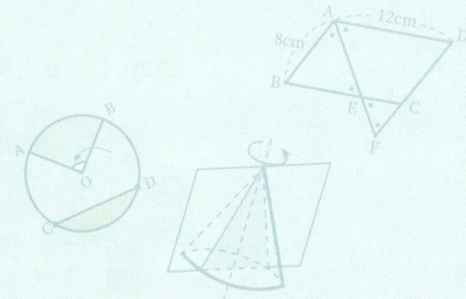

맹자의 어머니는 아들의 교육을 위해 세 번 이사했습니다. 시끄러운 시장과 곡소리가 나는 묘지를 피하고, 마침내 학문을 익히는 아이들의 글 읽는 소리가 들리는 서당 근처로 옮겼습니다. 이유는 단 하나, 아이에게 더 나은 배움의 환경을 만들어주기 위해서였습니다.

2천 년이 지난 지금도 우리는 같은 고민을 합니다.

'어느 동네로 이사 가야 할까?'

'어떤 학교가 더 좋을까?'

'어떤 학원이 유명할까?'

하지만 정작 중요한 질문은 놓치고 있습니다. 정말 이사가 아이의 공부를 결정짓는 전부일까요? 지금은 맹자의 시대와는 많이 달라졌습니다. 집을 옮기는 것만으로는 더 이상 아이의 배움이 보장되지 않습니다. 같은 아파트, 같은 교실에 있어도 아이들 사이의 학습 격차는 점점 벌어집니다. 왜 그럴까요? 학습의 본질은 환경만으로 채워지지 않기 때문입니다.

수학 교육 업계에서는 흔히 이렇게 말합니다. "초등 수학은 부모의 힘이다."

아이가 수학을 처음 배우는 시기일수록, 무엇을 어떻게 공부해야 하는지 스스로 알기 어렵습니다. 이때 부모가 길을 알고 설계해줄 수 있다면 아이는 훨씬 안정적으로 시작할 수 있습니다. 반대로 '언젠가는 하겠지' 하는 막연한 기다림은 준비된 아이들과의 격차를 점점 벌리고, 결국 그 부담은 언젠가 고스란히 아이의 몫이 됩니다.

지금 필요한 것은 학군을 바꾸는 이사가 아니라, 부모의 변화입니다. 아이 옆에 앉아 숙제를 지켜보는 것만으로는 부족합니다. 아이가 무엇을 배우고, 어디에서 어려움을 느끼며, 어떤 도움이 필요한지 이해하고 조율할 수 있는 부모가 되어야 합니다.

사교육을 선택하더라도 마찬가지입니다. 학원에 맡겼다고 부모의 역할이 끝나는 것은 아닙니다. 아이뿐 아니라 부모도 아이의 현재 실력을 알고, 진도에 맞는 커리큘럼을 이해하며, 피드백을 기반으로 함께 고민하고 조율해야 합니다. 아이가 언젠가 스스로 학습 계획을 세우는 '학습 자립의 시기'가 올 때까지는 부모의 동행이 필요합니다.

학군지로의 이사는 환경을 바꿉니다. 하지만 부모의 변화는 아이의 생각을 바꿉니다. 수학이 왜 중요한지, 어떤 길을 가야 하는지, 어디서 어려움을 겪는지, 이 모든 것을 이해하고 방향을 제시하는 부모. 그런 부모가 있는 집이 최고의 학군입니다. 그러려면 부모도 수학을 제대로 알아야 합니다.

이제는 '맹모삼천지교'가 아니라 '부모수학지교'가 필요한 시대입니다.

전미정

수학이
쉬운 아이로 키우는
부모의 힘

목차
contents

머리말
04

**1장
부모가
수학을 먼저
만나야 한다**
14

❶ 부모가 수학을 먼저 알아야 하는 이유
· 부모의 태도는 아이의 태도입니다
· 아이의 수학 학습을 위한 부모의 준비

❷ 지금 수학을 해야 하는 이유:
'수학에서의 지구력'
· 힘을 분배하고 버티는 능력: 지구력
· 수학 학습에서의 지구력이란?

❸ 수학을 안 하려는 아이, 수학을 못 하는 아이
· 이해보다는 습관이다
· 학습도 티끌 모아 태산이다

**2장
부모가
만나는
초등 수학**
30

❶ 초등 저학년 수학:
연산 학습을 결코 놓지 마라
· 언제쯤 연산을 그만해도 될까?
· 연산 학습은 꼭 해야 할까?
· 연산 학습을 어떻게 해야 할까?

❷ 초등 저학년 수학:
기억력에 밀리는 사고력을 조심하자
· 사고력 수학이란?
· 사고력 수학은 어떻게 접근해야 할까?

**③ 초등 저학년 수학:
문제를 이해하는 과정과 풀이의 표현이 중요한 시기**
- 제멋대로 푸는 아이, 속 터지는 부모
- 수학의 시작: 천리 길도 한 걸음부터

**④ 초등 저학년 수학:
수학이 자신 있고 재미있어야 한다**
- 달리기도 전에 다그치면 완주할 수 없다

**⑤ 초등 고학년 수학:
가장 올바른 내 아이의 수학 심화**
- 수학 70점이 괜찮니? 어려운 시험이 불러온 심화 열풍
- 심화, 이렇게 하지 마세요
- 심화, 이렇게 하세요

**⑥ 초등 고학년 수학:
가장 올바른 내 아이의 수학 선행**
- 선행의 유혹, 신상품의 유혹처럼 허탈할 수 있다
- 과도한 선행이 만든 안타까운 현실
- 고등 수학이 하고 싶다던 초등학교 6학년 아이
- 과도한 선행이라면 멈추자
- 선행, 이렇게 하세요

**⑦ 초등 고학년 수학:
후행 학습(복습)을 할 것이냐 말 것이냐**
- 예습과 복습 중 무엇이 더 효과적일까?
- 효과적인 수학 복습 방법
- 복습을 빙자한 심화 학습으로 장기 학습 계획을 세우자

**⑧ 초등 고학년 수학:
초등 수학이라고 함부로 가르치지 마라**
- 초등 수학쯤이야 껌일 텐데, 내 아이는 왜 모를까?
- 아이를 위해 부모도 공부가 필요하다
- 아무리 간단해도 설명 전에 정리부터 하자

3장
부모가 만나는 중등 수학

❶ **상위권으로 가는 개념 → 유형 → 심화 3단계 학습법**
- 효과적인 학습 방법에 대한 고민이 필요한 때
- '기초가 부족하다, 개념이 약하다'의 의미: 개념 학습 방법
- 상위권으로 가는 개념 학습 - '개념노트' 만들기
- 상위권으로 가는 유형 학습 - 70% 덜어내기
- 상위권으로 가는 심화 학습 - 심화의 문턱 낮추기

❷ **중등 수학부터는 내신 관리가 필요하다**
- 자유학기제로 인해 더욱 중요해진 공부 습관
- 중학교의 절대평가와 고등학교의 상대평가
- 등급과 더불어 성취도별 분포 비율에 주목하라
- 내신 관리를 시작하자

❸ **대수를 잘하는 아이, 도형을 잘하는 아이**
- 1학기 대수, 2학기 기하로 나눠지는 중등 수학
- 대수를 잘하는 아이, 흐름을 타다
- 도형을 잘하는 아이, 매직아이를 하다
- 계통 수학 학습법, 이렇게 이용하자

❹ **중1, 고1 선행은 일반적인 선행과는 다르다**
- 수학의 어려움은 초6에서 중1로, 중3에서 고1로 넘어갈 때
- 중1과 고1 선행, 이렇게 하자

contents

4장 수학, 선택의 도움이 필요하다

136

❶ 학원 선택, 많이 가는 학원이 아닌 좋은 학원을 선택하자
· 학원에 보내는 건 무책임한 자세?
· 슬기로운 학원 생활

❷ 사교육 선택, 이것이 고민이다
· 사교육 선택의 고민 사례

❸ 인강 선택, 슬기로운 인강 생활
· 이제는 인강의 시대
· 아이를 위한 인강 활용 꿀팁
· 높아지는 교육비가 부담된다면 공교육 인강에 주목하라
· 온라인 강의 15년차 강사의 추천1, EBS 초중등 인강
· 온라인 강의 15년차 강사의 추천2, 강남인강

5장
아이와 수학의 독대가 시작되다

164

❶ 수학 학습의 자립을 꿈꾸다
- 수학을 잘하고 싶은 마음
- 수포자를 위한 조언

❷ 수학도 암기가 필요할까?
- 수학은 암기일까, 이해일까?
- 수학에서도 암기는 필요하다

❸ 수학 문제와의 싸움에서 승리하자
- 풀이와 정답에 자신감을 갖도록 도와주자
- 모르는 문제, 어려운 문제를 푸는 방법
- 그래도 채점은 부모가 해주자

❹ 꼭 알아야 할 오답 학습법
- 맞은 문제에도 오답이 있다
- 오답노트의 목적과 오답 정리법

특별 부록

190

대표적인 초중등 수학 문제집

contents

6장 '중1 수학'으로 보는 중학 수학
194

❶ **부모가 중등 수학을 알아야 아이를 제대로 지도할 수 있다**
  · '중1 수학'으로 보는 초등 수학과 중등 수학

❷ **중학교 1학년 1학기 수학**
  · 중학교 1학년 1학기 수학 개요
  · Ⅰ. 수와 연산 – 1. 소인수분해
  · Ⅰ. 수와 연산 – 2. 정수와 유리수
  · Ⅰ. 수와 연산 체크리스트
  · Ⅱ. 문자와 식 – 1. 문자의 사용과 식
  · Ⅱ. 문자와 식 – 2. 일차방정식
  · Ⅱ. 문자와 식 체크리스트
  · Ⅲ. 좌표평면과 그래프 – 좌표와 그래프, 정비례와 반비례
  · Ⅲ. 좌표평면과 그래프 체크리스트

❸ **중학교 1학년 2학기 수학**
  · 중학교 1학년 2학기 수학 개요
  · Ⅰ. 도형의 기초 – 1. 기본 도형
  · Ⅰ. 도형의 기초 – 2. 작도와 삼각형의 합동
  · Ⅰ. 도형의 기초 체크리스트
  · Ⅱ. 평면도형과 입체도형 – 1. 다각형, 원과 부채꼴
  · Ⅱ. 평면도형과 입체도형 – 2. 다면체, 회전체, 입체도형의 겉넓이와 부피
  · Ⅱ. 평면도형과 입체도형 체크리스트
  · Ⅲ. 통계 – 대푯값, 도수분포표와 상대도수
  · Ⅲ. 통계 체크리스트

수학이
쉬운 아이로 키우는
부모의 힘

❶ 부모가 수학을 먼저 알아야 하는 이유

❷ 지금 수학을 해야 하는 이유:
'수학에서의 지구력'

❸ 수학을 안 하려는 아이, 수학을 못 하는 아이

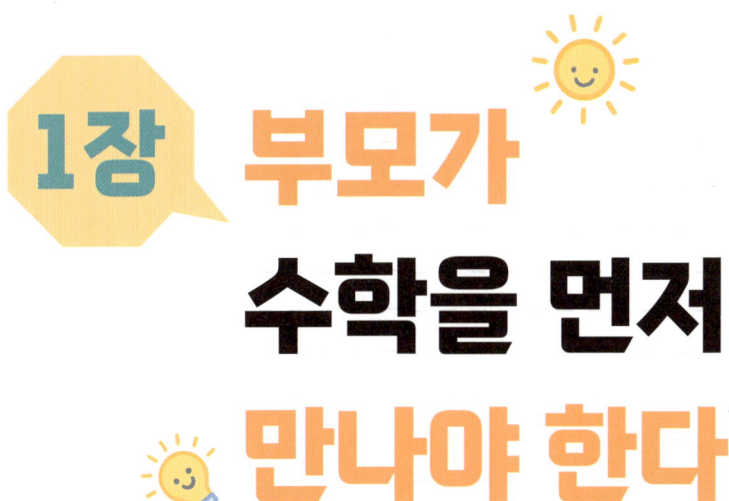

1장 부모가 수학을 먼저 만나야 한다

1장

부모가 수학을 먼저 만나야 한다

1] 부모가 수학을 먼저 알아야 하는 이유

부모의 태도는 아이의 태도입니다

중학 수학의 중요성과 어려움에 대한 고민의 답은 가장 기본적인 것에 있습니다. 바로 기초라 할 수 있는 초등 수학이 중학 수학에 미치는 영향이 크다는 것이지요. 저는 그 기본을 생각하면서, 재작년에 두 권의 수학 문제집을 집필하여 출간하였습니다. 초등 고학년 과정을 총정리한 문제집과 중학교 1학년 과정의 기초 개념을 다룬 개념서입니다. 초등 수학을 마무리하면서 복습을 통해 부족한 부분을 메꾸고 중학교 수학과 연결하여 학습을 이어갈 수 있도록 책을 꾸렸습니다.

그런데 출간 이후 생각지도 못한 반응을 경험했습니다. 문제집을 보신 부모님들께서 자신이 직접 공부하여 내 아이에게 수학을 가르쳐보고 싶다는 것이었습니다. 수학을 공부한 지도 오래되었고, 교과 과정의 내용과 흐름도 몰라 엄두가 나지 않았는데, 책을 보고 이번 기회에 도전해보고 싶다는 것이었습니다.

이러한 생각을 가지신 데는, 초등 수학에서 중등 수학으로 넘어가는 시기의 아이가 수학 공부에 어려움을 겪지 않았으면 하는 이유에서일 것입니다. 실제로 모든 과목이 그렇지만 특히 수학은 중1이 되자마자 난이도가 수직상승하는 과목입니다. 이 시기에 수학을 잘 다지지 못하면 '나는 수포자인가 보다' 하며 좌절에 빠지는 경우가 많습니다. 저도 한 아이의 엄마로서, 아이가 수포자가 되지 않길 바라는 마음을 가지고 있는 부모님을 보면 이것이 아이에게 얼마나 큰 영향력을 주는지 알기에 진심으로 응원을 보내게 됩니다.

아이에게 도움을 주고 싶다는 마음은 모든 부모님이 같을 것입니다. 하지만 실천하기엔 결코 쉬운 일이 아닙니다. 일단 아이가 공부하는 내용을 먼저 알고 있어야 하는데 그렇지 못하며, 그러다 보니 학습 계획과 방향성을 어떻게 잡아야 하는지도 잘 모릅니다. 그래서 수학 문제집을 출간한 후, 위와 같은 고민에 빠진 부모님을 보며 이 책을 집필하게 되었습니다. 이 책이 부모님을 수학 선생님으로 만들어줄 수는 없습니다. 하지만 오랜 기간 학원과 온라인 강의를 통하여 아이들을 가르쳐봤기에, 적어도 수학 학습을 어떻게 해야 하는지, 수학을 가르칠 때 가장 필요한 것이 무엇인지에 대한 지침서가 될 수는 있습니다.

그럼 자녀의 수학 공부 지도를 위해 무엇부터 해야 할까요? 수학 교과서, 문제집을 펼치기 전에 일단 부모인 우리의 모습부터 돌아봅시다. 우리 가정의 모습, 아이가 공부하는 학습 환경을 생각해보세요. 혹시 대부분의 시간을 소파에 누워 TV나 핸드폰을 보는 데 쓰진 않았나요? 그런 자세로 있으면서 자녀에게는 왜 공부하지 않느냐 하신 적이 있으신가요?

저 역시 같은 실수를 할 때가 있었습니다. 저희 부부는 TV가 취미이자 낙인 사람들입니다. 보지 않아도 틀어둘 때가 많았습니다. 그러다 보니 아이는 의도치 않게 TV 시청이 자유로웠습니다.

이러한 모습을 보고, 저희는 아이가 초등학교에 입학하면서부터 유일한 취미였던 TV를 껐습니다. 처음에는 반발이 심했지만, 점차 심심함이 늘어나자 아이가 제일 먼저 한 것은 읽지 않던 책을 스스로 읽기 시작한 것입니다. TV를 못 보니 지루한 시간이 많아졌고, 그러다 보니 해야 할 것을 미루지 않고 바로 하는 것이 훨씬 수월해졌습니다. 이런 모습을 보니, 해야 할 일을 지켜서 하는 가장 기본적인 태도를 가르치는 데 있어서 방해꾼은 저희 부부였다는 것을 깨달았죠.

한 유명 연예인 부부는 아이들이 일어날 시간에 맞추어 읽지도 않는 책을 들고 아이들이 일어날 때를 기다린다는 이야기를 들었습니다. 학습을 할 수 있는 분위기와 환경을 만들어주는 것이 그만큼 중요하다는 것을 아는 것입니다.

공부 방법을 고민하기 전에, 부모의 태도가 아이의 태도라는 걸 먼저 생각해주세요. 물론 며칠 만에 큰 변화를 기대하지는 마세요. 오랜 시간을 투자해도 변화는 작게 옵니다. 하지만 그 작은 변화는 나중에 분명 큰 결과물이 될 것입니다.

아이의 수학 학습을 위한 부모의 준비

환경을 살펴봤다면 이제는 수학 지도를 위한 준비를 할 차례입니다. 아이에게 수학 공부를 하라고 하신 적이 많을 것입니다. 구체적으로 어떻게 이야기하셨을까요? 수학 문제집을 풀라고 하셨을까요? 수학 학원에 다니라고 하셨을까요? 제가 부모님께 여쭤보겠습니다. 혹시 우리 아이가 수학의 무엇을 공부해야 하는지 알고 계신가요? 수학을 어떻게 공부해야 하는지는 이야기해주셨나요?

아이에게 공부하라는 말이 더욱 잘 들어가기 위해서는 부모가 먼저 무엇을 공부해야 하며 그것이 어떠한 내용인지를 알아야 합니다. 그리고 어떻게 공부해야 하는지를 함께 고민할 수 있어야 합니다. 그래야 구체적으로 아이에게 조언을 할 수 있고, 아이가 공부하거나 공부 방향을 잡는 데 어려움이 생길 때 도움을 줄 수 있습니다. 물론 평생 그래야 하는 것이 아닙니다. 스스로 자립하여 학습할 수 있는 시기가 올 때까지만 길잡이가 되면 됩니다. 보통 수학 학습은 늦어도 고등학교 과정을 시작할 때는 완벽히 혼자 할 수 있어야 합니다. 즉 중학생 때 아이는 자기주도적 학습과 학습 진단을 통해 혼자서 할 수 있는 학습 습관을 익히고 준비를 해 나가는 것이 필요합니다. 이런 과정이 잘 이뤄질 수 있도록, 그전에는 부모님의 도움이 필요합니다.

① 초등(중등) 수학의 핵심과 흐름을 알아야 한다

이 말은 부모님이 깊이 있는 내용을 알고 가르치라는 것이 아닙니다. 적어도 무엇을 배우는지, 어떻게 연결되어 가는지를 알아야 한다는 것입니다. 과정의 핵심과 흐름을 아는 것만으로도 학습에 왜 어려움이 있는지, 어떤 내용이 힘든지를 이해하고 같이 해결할 수 있습니다. 그래야 다음 과정으로 연결하거나 계획하는 데에 어려움이 없습니다.

② 시기에 맞는 학습을 정하고 함께 계획해야 한다

물론 스스로 계획하고 실천할 수 있다면 좋겠지만 처음부터 척척 잘 해내는 아이는 없습니다. 당장 아이는 오늘 무엇을 배우는지 모르며 앞으로 배워야 할 것이 무엇인지도 모릅니다. 자신의 수준도 알지 못합니다. 학습의 단계, 문제집이나 사교육의 선택은 모두 부모의 몫입니다. 이를 아이와 함께 계획하고 선택함으로써 학습에 책임감과 성취감을 알려주어야 합니다.

③ 부족한 부분을 바로잡고 올바른 수학 학습 습관을 만들어줘야 한다

'수학을 어려서부터 일찍 시켜라', '심화와 선행을 많이 해라'와 같은 이야기를 하려는 것이 아닙니다. 중요한 것은 시기에 맞게 학습을 시작하고 이를 통하여 기초를 탄탄히 마련해줘야 한다는 점입니다. 기초가 탄탄하지 못하면 아무리 높아 보이는 탑이라도 금방 무너집니다. 당장의 결과보다는 고입, 대입을 목표로 한 수학과의 긴 싸움에 맞설 준비, 즉 학습 습관을 잡아가는 것이 더 중요합니다.

④ 아이의 실력을 객관적으로 평가해야 한다

학습 지도에 있어 가장 중요한 것은 객관적인 평가에서 시작됩니다. 100점을 받아온다고 수학을 잘하는 것이 아닙니다. 시험의 난이도 확인과 상대적인 평가가 필요합니다. 틀리는 것이 있다고 수학을 못 하는 것이 아닙니다. 단순 실수에서 시작되는 것인지, 특정 영역이 부족한 것인지를 확인해야 합니다. "내 아이는 잘해", "내 아이의 부족한 것만 보여"라는 말을 하기 전에 제대로 아이를 바라봐 주시길 바랍니다.

가봤던 길이기에 우리는 수학 학습 과정이 얼마나 어렵고 긴 싸움인지를 이미 압니다. 아이들은 아직 스스로 계획하기 어려운 시기이므로 먼저 그 길을 걸었던 사람이 인도자가 되어 줄 수 있는 법, 잊어버렸던 길을 다시 올바른 길로 찾아올 수 있도록 인도하는 부모가 되어야 합니다.

2] 지금 수학을 해야 하는 이유: '수학에서의 지구력'

힘을 분배하고 버티는 능력: 지구력

어느 주말, 남편은 소파와 한 몸이 되어 정신없이 TV를 시청하고 있었습니다. 불러도 듣지 못하길래 뭘 보고 있나 했더니, 피지컬이 어마어마한 사람들이 모여 서로 힘을 겨루는 '피지컬100 시즌2' 서바이벌 프로그램을 보고 있더군요.

제가 처음 본 부분은 팀전으로 진행된 '광산 짐 나르기' 편이었습니다. 두 명의 팀원이 40kg의 포대 50개를 큰 수레에 실어 결승 지점에 먼저 옮겨두는 대결로, 최소의 횟수로 최대의 짐을 싣고 움직이는 것이 유리했습니다. 그러다 보니 한 팀원이 짐의 절반을 싣고 한 번만에 옮겨야 했습니다.

A팀의 팀원들은 하나같이 장신에 거구, 어마어마한 근육질로 누가 봐도 힘이 세 보였습니다. 반면에 B팀의 팀원들은 다부져 보이긴 해도 A팀에 비하여 상대적으로 키도 작고 몸도 왜소해 보였습니다. A팀의 팀원은 40kg이나 되는 짐을 싣는 속도도 뛰어났으며 1톤 가량의 수레를 밀고 나아가는 힘도 남달랐지요.

"역시 남자들이란, 누가 이길지 뻔한 게임을 왜 보고 있는 거지" 하고 자리를 뜨려던 순간 제 눈을 의심했습니다. 수레를 잘 끌고 가던 A팀의 팀원이 중간에서 더 이상 움직이지를 못하는 것이었습니다. 있는 힘껏 밀어도 수레는 꿈쩍도 하지 않았습니다. 반면 B팀의 팀원은 비슷한 무게의 수레를 느리게 움직이며 꾸준히 나아갔습니다.

"저렇게 힘이 센 사람이 미는데 수레가 왜 움직이지 않는 걸까?
 약해 보이는 상대 팀의 수레는 꾸준히 움직이는데?"

결국 제 생각과는 다르게 B팀이 이겼습니다. 저는 이 게임에서 단순히 힘의 세기가 중요한 것이 아니라, 힘을 적절히 분배하고 꾸준하게 버틸 수 있는 능력이 더 중요하다는 것을 알게 되었습니다. 그렇게 최후의 승자가 나오는 마지막 편까지 보는 내내 저는 '힘을 이기는 것은 지구력이다'라는 말을 연신 내뱉었던 것 같습니다.

수학 학습에서의 지구력이란?

학습에서도 마찬가지입니다. 지나치게 빠르게 힘을 키워나가는 데 집중할 필요는 없습니다. 당장 좋은 결과는 얻을 수 있겠지만 긴 싸움에 쉽게 지칠 수 있기 때문입니다. 특히 수학이 그렇습니다. 초1부터 고3까지 12년이라는 기간 동안 아이는 수학 문제를 붙들고 지내야 합니다. 수학은 점점 쌓아서 가야 하는 긴 여정입니다. 어려서부터 지칠 듯 내달릴 필요는 없으며, 당장의 결과에 만족해서도 안 되는 것입니다. 장기적인 계획을 기반으로 꾸준하게 실천하는 자세가 필요합니다.

공부도 결국 체력이 있어야 한다는 말을 많이 합니다. 이때 체력이란 공부를 오래 할 수 있는 힘이기도 하면서, 지치지 않고 꾸준히 공부해나가는 학습 자세, 습관을 의미하기도 합니다.

이런 방향으로는 당장의 반짝거리는 결과가 나오지 않을 수 있습니다.

그래도 급하게 생각하지 마시길 바랍니다. 수학 교과 과정은 이전 학년에서 배운 내용을 기반으로 응용 내용을 배우는 과정입니다. 이전에 쌓아둔 학습량은 절대 무시할 수 없습니다. 단단한 기초와 꾸준한 학습은 학년이 올라갈수록, 그리고 어려운 문제를 만날수록 빛을 발하게 됩니다.

우리가 지금부터 수학 학습을 시작하고 준비하는 이유도 바로 이런 이유 때문입니다. 긴 로드맵이 필요한 만큼, 일찍이 준비하냐 안 하냐의 차이는 큽니다. 지금 아이가 못하더라도, 학습의 결과물이 정체된 듯하다가 계단식으로 나타나는 아이도 많습니다.

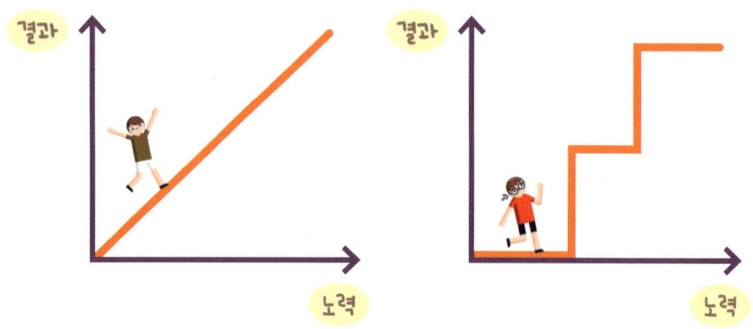

그럴 때일수록 지구력을 생각하고, 오래 수학을 할 수 있게 차근차근 단계를 밟아주세요. 처음은 엉덩이 힘을 기르는 것을 목표로 시작해봅니다. 학교 수업의 한 타임은 초등학교 40분, 중학교 45분, 고등학교 50분입니다. 5분이 늘어나는 데에도 몇 년이 걸립니다. 그런데 스스로 학습을 주도하는

시간을 늘려가기는 여간 어려운 것이 아닙니다. 해야 하는 양, 집중할 수 있는 시간을 경험하면서 서서히 공부량을 늘려봅시다.

그다음으로는 시작한 것은 끝내는 당연함을 연습합니다. 학습이나 문제집을 시작했으면 반드시 끝내야 하는 것에 신경을 씁니다. 학년이 올라갈수록 몇 장만 풀고 버려지는 교재가 많아집니다. 포기가 쉬운 습관이 문제인 겁니다. 아이 스스로, 시작한 것은 끝을 봐야 한다는 것을 깨달아야 합니다. 중간에 교재를 바꾸게 되더라도 내용에 빈틈이 생기지 않도록 교차하여서 한 과정을 무사히 마치도록 합니다.

특히 초등 수학은 이렇게 꾸준히 한 학기 동안 한두 권의 문제집을 끝내기만 해도 충분히 학교 수업을 뒷받침해줄 수 있습니다(초등 수학 학원도 별다른 것이 없습니다. 한두 권의 문제집을 끝내는 것이 전부입니다). 학습량은 아이의 성향과 실력을 고려하여 정하면 됩니다. 장기간 끌고 갈 계획이니 너무 많은 양보다는 한 학기 또는 한 학년에 반드시 끝낼 수 있는 분량으로 시작해보길 바랍니다.

학년이 올라갈수록 많아지는 개념과 유형, 학습량을 견디는 힘이 더더욱 필요해집니다. 힘을 발휘해야 하는 시점에 밑천이 없으면 아무것도 할 수가 없습니다. 학습 습관, 자세, 학습 내용이라는 밑천은 한순간에 만들어지는 것이 아닙니다. 만약 이를 늦게 시작한다면 한 번에 짊어져야 할 무게가 많아져 견디기 어려울 수밖에 없습니다.

그러니 지금 시작하여 수학 학습에서의 지구력을 길러줘야 합니다. 작은 경험과 훈련이 결국 나중에는 수학을 끌고 가는 힘, 버티는 큰 힘이 되어 줄 테니까요. 끝내지 않은 한 페이지가 다음 층으로 올라가는 마지막 계단일 수도 있다는 사실을 꼭 알아야 합니다.

3] 수학을 안 하려는 아이, 수학을 못 하는 아이

이해보다는 습관이다

안 하고자 하는 아이를 달래기도 하고 혼내기도 하면서 억지로 끌고 갈 때면 '이게 과연 맞는 것인가?' 하는 자괴감부터 들기 마련입니다. 과하게 밀어붙이면 엇나가는 것은 아닌지, 혹은 수학에 흥미를 잃는 것이 아닌지 하는 마음도 교차하지요.

과한 학습 욕심은 분명 그러한 결과를 낳을 수 있습니다. 초등학생 때는 과한 학습 분량을 이겨내는 연습이 필요한 것이 아니라 수학에 대한 꾸준한 관심과 습관을 만들어가야 하는 시기입니다. 수준에 맞지 않거나 자칫 많은 양은 아이를 지치게 하고 자신감을 떨어트리기도 합니다.

하지만 안 하려고 한다는 이유로 그냥 넋 놓고 기다리는 것은 다른 문제입니다. 안 하려고 하는 아이를 두고 언제까지나 다음을 기약할 수는 없습니다. 지금 안 하려는 아이는 커서도 안 하려고 할 것입니다. 지금 잡히지 않는 학습 습관은 커서도 잡기 힘들다는 이야기입니다.

아이에게 양치하는 법을 가르쳐주고 습관을 들일 때를 생각해봅니다. 양치가 귀찮은 아이는 계속 간식거리를 찾거나 놀이에 집중하는 척하며 귀찮은 양치를 미루곤 합니다. 이때부터 전쟁이 시작되지요. 하지만 이런 시간이 지나고 나면 양치는 당연한 습관으로 자리 잡게 됩니다. 그 후에는 단순히 양치하는 것에서 나아가, 안쪽 어금니를 꼼꼼히 닦는 법이나 일정 횟수로 칫솔질하는 방법 등 새로운 지도를 이어가면 됩니다.

한 번의 가르침으로 알아서 구석구석, 하루에 3번 3분씩, 매일 완벽하게 양치를 해내는 아이는 없습니다. 작은 하나부터 조금씩 늘려가면서 습관을 만들어주고 스스로 성장할 수 있도록 도와주는 것이 부모의 역할입니다.

수학의 시작도 양치의 시작과 같습니다. 처음에는 매일 전쟁 같을 것입니다. 아이는 이 핑계, 저 핑계로 학습을 미룹니다. 시켜도 느리거나 잘 따라오지 못한다면 매일이 한숨이지요. 아무리 자극적인 말로 공부해야 하는 이유를 설명해도, 충치가 생겨본 적 없는 아이들이 그것을 이해할 리 없습니다. 이때는 이해보다는 습관이 필요하며, 적은 분량이더라도 꾸준히 학습을 이어가도록 부모 역시 단호한 자세가 필요합니다.

학습도 티끌 모아 태산이다

티끌이 태산이 된다는 말을 참 자주 하지요. 공부 역시 마찬가지입니다. 습관을 형성할 때는 하루에 한 장의 실천으로 시작해보길 바랍니다. 이 한 장이 습관을 형성해나가는 밑바탕이 되는 것은 분명합니다.

예를 들어, 초등학교 입학 전 1년 동안 하루에 사칙연산 문제를 10문제씩 풀게 한다면, 1년 후에는 3650문제를 경험하게 됩니다. 그 과정에서 아이는 자연스럽게 연산에 자신감을 가지게 됩니다. 물론 이후에는 연산 학습에 그치지 않고, 다음 학습으로 넘어가거나, 학습 시간을 10분에서 20분으로 확장해 나가는 데에도 어렵지 않을 겁니다.

수학을 가르치는 사람들끼리 항상 하는 말이 있습니다. 40~50점대 아이를 80~90점대로 만드는 것은 쉽지만 90점대 아이를 100점으로 만드는 것은 그 몇 배의 노력으로도 쉽지 않다고 말입니다. 지금은 먼저 아이가 90점대에 쉽게 도달할 수 있도록 준비하시길 바랍니다. 그리고 마지막 10점은 부모의 노력과 계획보다 아이의 의지와 도전이 더 빠른 결과를 만들어줄 것입니다.

수학이 쉬운 아이로 키우는 부모의 힘

① **초등 저학년 수학:**
연산 학습을 결코 놓지 마라

② **초등 저학년 수학:**
기억력에 밀리는 사고력을 조심하자

③ **초등 저학년 수학:**
문제를 이해하는 과정과 풀이의 표현이 중요한 시기

④ **초등 저학년 수학:**
수학이 자신 있고 재미있어야 한다

⑤ **초등 고학년 수학:**
가장 올바른 내 아이의 수학 심화

⑥ **초등 고학년 수학:**
가장 올바른 내 아이의 수학 선행

⑦ **초등 고학년 수학:**
후행 학습(복습)을 할 것이냐 말 것이냐

⑧ **초등 고학년 수학:**
초등 수학이라고 함부로 가르치지 마라

2장 부모가 만나는 초등 수학

부모가 만나는 초등 수학

1] 초등 저학년 수학: 연산 학습을 결코 놓지 마라

언제쯤 연산을 그만해도 될까?

계산식이 빼곡하게 적힌 연산지를 보면 제 어린 시절의 일이 생각납니다. 초등학교 4학년쯤, 아이와 눈높이를 맞춰준다는 방문 학습지를 시작하게 되었습니다. 기초 수학을 잡아주고, 과외처럼 집으로 방문해준다는 사실이 매력적이었지요. 무엇보다도 부모님께서는 비용도 학원에 비해서 한참 저렴한 편이라는 사실에 반가워하셨습니다. 예나 지금이나 사교육비는 항상 부담이었으니까요.

학습 첫날, 저는 한참 아래 학년의 사칙연산 계산식만 적힌 두툼한 책 한 권을 일주일 교재로 받았습니다. 처음에는 쉽게 풀었지만 곧 지루해졌습니다. 부모님께서도 난이도를 보시고는 담당 선생님께 언제쯤 제 학년에 맞는 수학 문제를 풀 수 있는지 초조해하며 물으셨던 기억이 납니다. 결국 1년이 넘어도 제 학년의 수학을 하기 어려울 것 같다는 판단(아니면 그냥 하기 싫어서 만든 제 핑계였을지도 모릅니다)으로 인해 3개월 만에 그만두게 되었습니다.

지금의 저는 그때의 그 방문 학습지를 생각하면 빽빽했던 연산식이 적힌 문제집이 제일 먼저 떠오릅니다. 그리고 한편으로는 후회가 들기도 하지요. 학습지를 그만둔 것 때문이 아니라, '연산은 저학년이나 하는 것이다', '연산은 할 줄만 알면 된다'라는 생각을 가졌다는 것 때문입니다.

연산 학습은 꼭 해야 할까?

우리는 연산을 '할 수만 있으면 딱히 연습할 필요가 없는 아주 기본적인 것'으로 생각합니다. 초등학교에 들어가자마자 아이가 손가락을 움직이면서 열심히 연산하는 것을 보면 '아이가 연산을 못 하지는 않구나'라고 생각하죠. 초등 저학년을 벗어날 때쯤에는 손가락을 사용하지 않으니 연산에 문제가 없다고 생각합니다. 하지만 연산은 수학의 기본이라고 하여 쉽게 생각해야 할 것이 아닙니다. 사실 아이는 머릿속에서 손가락 연산과 같은 기초 연산을 하느라 많은 시간을 보내고 있을 것입니다.

딸아이가 2학년 1학기 '여러 가지 방법의 계산' 단원의 문제를 풀 때였습니다. 30분이 지나 방에 들어가 보니 몇 문제 되지도 않았는데 한 장을 넘기지 못했습니다. '단순한 덧셈, 뺄셈 문제를 단지 여러 가지 방법으로 풀 뿐인데 이게 어려운 걸까, 혹시 딴짓이나 딴생각으로 시간을 보내는 것은 아닐까' 싶어 푸는 것을 지켜보았습니다.

딴짓한 것이 아니었습니다. 오히려 대견하게도 수를 가르고 모아가며 여러 가지 경우의 수를 생각하고 풀이 식을 만들어갔습니다. 그런데 9+4 또는 13-7과 같은 갓 10을 넘어가는 수를 계산하는 데 많은 시간을 보내며 고민하고 있었습니다. 정작 어려운 과정은 척척 잘 해결하더니 쉬운 연산을 할 때 중얼거리며 머릿속으로 수를 하나하나 늘리고 줄여가는 것이 느껴졌지요.

연산을 할 줄 알더라도 연산을 쉬는 시간이 생기거나 반복 연산을 게을리하면 정확도나 속도에서 티가 납니다. 이렇게 부족한 연산을 확인했다면 다지는 시간을 갖거나 다른 방법을 고민하여 연산 학습을 진행해가야 합니다.

저학년 때 기본 사칙연산을 하는 과정을 배우기는 하지만 아이들은 아직 계산이 익숙하지 않습니다. 계산을 할 줄 아는 것에 그치지 않아야 하는 이유입니다. 특히 저학년일수록 연산 속도는 문제 해결 과정과도 연결됩니다. 아이들은 어릴수록 집중할 수 있는 시간이 짧습니다. 연산으로 인해 길어진 풀이 시간은 수학에 집중할 수 있는 시간을 줄이는 결과로 연결됩니다. 문제를 풀 때, 연산에 쏟는 시간이 지나치게 길어진다면 정해진 학습 분량을 맞추어 나가기가 어려울 수 있습니다. 또한 풀이의 방향을 잊어버리거나 계산 실수를 범하는 경우도 부지기수입니다.

연산에서 문제가 됐던 아이들은 고학년이나 중학교 수학으로 넘어가면서 더 큰 고충이 생깁니다. 난이도는 올라가는데 정확성과 신속성을 가져야 하는 연산에서 걸리니 실수를 반복하지요. 따라서 취학 직전 혹은 초등학교 저학년 시기(1~2학년)에는 무엇보다 연산을 꾸준히 연습하여 익히게 하는 것이 좋습니다. 이 시기에 연산을 탄탄히 잡아두면 본격적으로 교과 내신 준비를 하는 고학년 시기가 편해집니다.

만약 아이가 초등 4학년 정도가 되었다고 해도 연산이 부족해 보인다면 연산 연습부터 시키길 바랍니다. 아이의 학년보다 낮은 학습이 아니냐는 걱정은 하지 마시고요. 나중에 일어날 더 큰 걱정을 막기 위함이니까요.

연산 학습을 어떻게 해야 할까?

그럼 연산 학습을 어떻게 하면 효과적일까요? 크게 두 가지로 나눌 수 있습니다.

① '경험 및 놀이 연산' 학습방식

연산 놀이, 실생활 연산의 활용, 보드게임 등을 통한 수나 식을 관찰하고 생각할 여유 있는 시간이 필요합니다. 빠른 연산을 유도하기보다 연산의 과정을 직접 생각하거나 자신에게 쉬운 방법을 생각하는 기회를 만들어줍니다.

② '지면 연산' 학습방식

지면에 반복되는 연산식을 통한 학습이 필요합니다. 연산 실수가 많거나 연산 속도가 느리다면 꼭 필요한 단계로 연산의 식과 과정을 쓰면서 학습합니다.

처음부터 '②지면 연산' 학습 방식을 따르기는 어려울 수 있습니다. 저희 딸아이 역시 지면 연산 학습에 대한 거부감이 심해 규칙적인 연산 학습을 이어갈 수가 없었습니다. 이럴 때는 아이가 심심해 하거나 따분해 하는 시간을 공략해서 수나 식에 대한 '①경험 및 놀이 연산'의 기회를 가지길 바랍니다.

참을성 없는 저의 집 딸은 장시간 차로 이동할 때면, 도대체 언제 도착하냐며 투정을 부립니다. 불을 끄고 자려고 누우면 잠이 안 온다며 계속 말을 걸어옵니다. 그럴 때면, 저는 수나 식을 하나씩 던져주곤 하였습니다. 장점은 아이가 시간에 구애받지 않고 수와 식을 충분히 생각할 수 있다는 것입니다. 수를 가르고 모으고 식의 연산 방법을 다양하게 생각해볼 수 있지요. 이러한 방식 덕분에 연산에 대한 거부감을 덜 수 있었습니다. 실제 어려운 연산을 빠른 암산으로 끝내는 아이들의 특징은 혼자 있는 시간을 이용하여 머릿속으로 연산 놀이를 한 경우가 많습니다.

물론 문제점도 있습니다. '①경험 및 놀이 연산'으로만 연산을 준비하면 연산의 정확도가 떨어지고 속도가 느릴 수 있다는 단점이 있습니다. 결국 수학은 종이와 연필로 싸워야 하는 과목이니까요. 그러니 '①경험 및 놀이 연산'을 이용하여 수학에 흥미를 붙였다면 '②지면 연산' 학습을 반드시 병행하여 학습하게 계획해야 합니다.

이를 저학년과 고학년으로 나눠 좀 더 구체적으로 살펴보겠습니다.

1) 초등 저학년이거나 미취학의 경우

자녀가 어리다면 수 막대(수 블록), 수 백판(1~100수 배열판) 하나 정도는 구비했을 것입니다. 이때 간단한 놀이나 보드게임으로 자기편에게 유리한 수를 생각하게 만들어주는 것은 좋은 경험이 됩니다.

수를 건너뛰어 세기, 묶어 세기, 수를 더하거나 뺄 때 다양하게 가르고 모으기와 같은 활동을 추천드립니다. 저 역시 대표적으로 레고로 만들었던 넘버 블럭스, 셈셈 수놀이 보드게임, 부루마블로 땅을 사고 벌금을 낼 때 은행 역할을 해준 아이에 대한 기억들이 남아있습니다. 연산 학습이란 관점에서도, 아이와 부모의 행복했던 추억이란 관점에서도 훌륭한 결과물입니다.

그러나 수학에 대해 즐거운 경험만 할 수는 없는 법. 결국 수학은 숫자와 연산기호로 된 식에서 답을 내고 풀이 구조를 만들어가는 과정이 필요합니다. 그렇기 때문에 저학년일수록 연산지 학습으로 연결 지어 가는 과정이 중요합니다.

여유가 된다면 미취학 시기부터 꾸준하게 1~2장 정도 필요한 단계에 맞는 연산 학습을 시작해보세요. 거부가 심하지 않은 분량으로 무리하지 않은 계획을 세워서 지도한다면 취학 후 연산에 대한 걱정은 줄어들 것입니다. 지루할 정도로 많은 양의 문제를 풀 필요는 없습니다. 또한 연산의 원리나 방법의 이해가 선행되어야 합니다.

만약 반복 연습을 시키고 싶거나 연산 문제량이 적어 고민인 경우에는 필요한 부분을 복사해두거나 A4용지 크기의 기름종이를 문제집에 끼워 풀게 하는 방법도 있습니다. 요즘에는 문제 다운로드가 가능한 무료 사이트도 많으니 활용해보길 바랍니다. 결국 연산 문제는 숫자만 다를 뿐 다 비슷비슷하니까요. 혹시라도 거부가 심한 시기가 오거나 힘들어하면 연산을 이어갈 수 있는 다른 방법을 병행하시길 바랍니다. 연산을 아예 놓는 일은 절대 없어야 합니다.

하나 더! 연산 지도 시 주의할 점

취학 전이나 저학년 시기에는 기계적인 연산 연습에 앞서 수의 확장과 연산 과정의 이해가 우선되어야 합니다.

초등 1~2학년에서 다루는 덧셈과 뺄셈 과정을 살펴보면, 단순히 각 자리의 수가 늘어나고 줄어드는 계산이 아닙니다. 가르기와 모으기를 통하여 주어진 수를 갈라서 생각해보고 계산하기 쉽게 모을 수 있어야 합니다.

그 이후 연산을 쉽게 하는 방법을 배우고 빠른 연산 훈련이 이어져야 하는 것입니다. 괜히 가르기와 모으기가 교육과정에 있는 것이 아닙니다. 연산 연습은 수의 확장과 수의 관계 이해를 동반하여 충분히 준비해야 한다는 것을 강조하고 싶습니다.

덧셈하기

$$18 + 16 = (18 + 2) + 14 = 20 + 14 = 34$$

$$\begin{array}{r} 1 \\ 1\,8 \\ +\,1\,6 \\ \hline 3\,4 \end{array}$$

뺄셈하기

$$25 - 19 = (25 - 20) + 1 = 5 + 1 = 6$$
$$-20 + 1$$

$$\begin{array}{r} 1\,10 \\ 2\,5 \\ -\,1\,9 \\ \hline 6 \end{array}$$

■ 덧셈, 뺄셈에서의 가르기와 모으기의 활용

2) 초등 고학년인 경우

초등 고학년이라 연산 학습이 늦었다고 생각할 필요는 없습니다. 오히려 이때 연산 학습을 다지지 못하면 수학 학습 자체가 더 늦어질 수 있다고 생각하길 바랍니다. 중고등 수학에서도 연산은 하나의 단원을 이룰 정도로 중요하게 다룹니다. 수학 학습을 끝내는 그 순간까지 연산 학습은 함께 갑니다.

당장 중학교 1학년 1학기 과정만 보더라도 수를 확장해 유리수의 사칙연산을 하는 단원과 단항식·다항식의 계산과 같이 문자를 포함한 식의 계산 단원으로 시작됩니다. 초등학생 때 연산 방법을 모르거나 연습이 부족했던 아이들이 중학교 수학을 처음부터 힘들어하는 이유입니다. 이러한 급격한 난이도 상승에 대비하기 위해서는 초등학생일 때 다양한 연산 방법을 적용하고 계산 실수를 줄여나가는 연습이 필요합니다.

다만 이 시기는 교과 수학과 충돌하는 시기입니다. 초등 고학년, 중학교 시기에는 교과 수학을 하기에도 벅찰 수 있습니다. 이 때문에 연산을 놓아버리거나 시작할 엄두를 내지 못하기도 하지요. 기초 연산 학습 단계로 돌아가기가 어렵다면 교과 연산을 시작해보세요. 제 학년에서 배우는 단원에 필요한 연산을 반복하여 학습한다면 교과 수학과 연산 학습까지 잡을 수 있습니다. 해당 학년의 교과 연산집이나 기초 개념서의 문제들도 도움이 됩니다. 유형서의 1단계 문제는 빼놓지 말고 풀어 연산의 기초를 마련하도록 합니다.

이때, 식이 복잡할수록 연습장에 문제를 큼직하게 쓰고 충분히 여유 있는 풀이를 만들어가는 게 좋습니다. 여유 있는 풀이 공간으로도 계산 실수를 줄이고 계산 과정을 꼼꼼하게 생각할 수 있게 해줍니다.

무료 연산 및 학습지 사이트

EBS MATH (https://www.ebsmath.co.kr)	초3~고 연산 및 학습지, 영상, 게임 등 자료 제공
일일수학 (https://www.11math.com)	학년, 학기, 단원 선택 가능, 초등 연산 문제지 무료 다운
i-Scream AI 매일수학 (https://dmath.i-scream.co.kr)	학년, 학기, 단원 선택 가능, 초등 연산 문제지 무료 다운
학습지 제작소 (https://calcproject.tistory.com)	수학, 국어, 한자, 영어 등 초, 중, 고 학습지 자료 제공
베이스캠프 (https://www.plasedu.org)	회원가입 필요, 수학, 국어, 과학, 영어 등 초, 중, 고 학습지 자료 제공
똑똑수학탐험대 (https://www.toctocmath.kr)	회원가입 필요, PC 및 모바일 앱 사용, 초등 수학 AI 게임 기반 콘텐츠 제공

교육청 무료 학습지

서울특별시 교육청	· 기초쑥쑥 기본탄탄 1단계 (초등) · 기초쑥쑥 기본탄탄 2단계 (중등) · 서울 구구단 (초 1,2학년)
인천광역시 교육청	· 손에 잡히는 분수 (초 3,4학년)
강원특별자치도 교육청	· 더 배움을 위한 분수 (초 3,4,5,6학년) · 사다리수학Ⅰ (초중연계-초등) · 사다리수학Ⅱ (중고연계-중등)

■ 무료 연산 및 학습지 사이트(일부는 회원가입 필요, 일부 개정 학년 확인 후 이용)

하나 더!　　계산 실수를 하는 아이

"우리 아이는 문제를 풀면, 그렇게 계산을 실수해요. 문제에 있는 숫자를 잘못 보거나, 잘 못 옮겨쓰기도 하고, 쉬운 계산에서도 실수할 때가 있습니다. 도대체 어떡하면 될까요?" 이런 일로 걱정하는 분들이 참 많으실 것입니다. 여기서 중요한 것은, 좀 냉정해질 필요가 있다는 점입니다. 진짜 내 아이가 실수하는 이유가 무엇일까요?

연산 학습이 부족해서 틀리는 것인지, 단순히 성격이나 환경적인 요인에 의한 실수인지를 판단하는 것이 중요합니다. 연산 학습이 충분하게 이루어지지 않았거나, 풀이에 확신이 없으면 실수가 잦을 수밖에 없습니다. 이 경우 부족한 연산 학습을 채워주고, 문제의 경험을 늘려가다 보면 실수는 줄어들 것입니다.

한편 성격적인 이유일 수도 있습니다. 이때는 너무 조급하지 않아도 됩니다. 개념과 과정을 잘 알고 풀었지만 문제를 옮기는 과정에서 숫자를 잘못 쓰거나, 작은 계산 실수가 있을 수도 있지요. 어른들도 충분히 있는 실수입니다. 물론 잘못된 부분을 지적하고 당부할 수 있지만, 아마도 아이는 이미 스스로 실수를 알고 있을 것입니다. 아이는 성장하면서 자신이 부족한 것과 잦은 실수를 스스로 인지하게 되고, 좀 더 신경 써서 실수를 줄여나갈 것입니다.

2] 초등 저학년 수학: 기억력에 밀리는 사고력을 조심하자

사고력 수학이란?

사고력과 관련된 문제 하나를 보겠습니다.

test

매일 3분이 늦어지는 시계가 있다.
현재가 낮 12시라면, 일주일 후 같은 시간에
시계가 가리키는 시각은 몇 시 몇 분일까?

고학년인 아이라면 교과 과정에서 다루었던 문제라 3분씩 7일 동안 늦어진다는 조건으로 어려움 없이 풀 수 있을 것입니다. 하지만 이제 갓 시계를 보기 시작한 아이들에게 이 문제는 많은 고민을 안겨다 줄 것입니다.

절대 '3×7 = 21(분)'과 같은 계산이 먼저가 아닐 것입니다. 일정한 규칙으로 시간이 늦어질 수 있는 상황의 이해가 먼저이며, 매일 3분씩 늦어지는 규칙과 변화, 심지어 일주일이 7일이라는 것을 생각해야 하며, 마지막 고비는 오전과 오후의 구별이 될 것입니다. 물론 더 어리다면 아마 시계를 두고 분침을 돌려가며 생각해야 할지도 모르지요.

사실 아이가 문제의 답에 도달하는 것만이 중요한 것은 아닙니다. 이런 문제는 시기가 되면 교과 과정에서 다루기도 합니다. 아이는 문제를 통해, 시간과 시계 단원을 배우기 전에 이 상황에 대해 충분히 사고할 수 있을 것입니다. 이것보다 중요한 것은 없습니다. 사고력 수학은 주입식 학습이 아닙니다. 사고의 기회가 되어야 합니다.

창의력, 사고력을 요구하는 문제라고 해서 대단한 문제를 다루는 것은 아닙니다. 저는 저학년 아이가 풀고 있는 사고력 문제집을 보고 있자면 "이 문제는 중학교 2학년 확률에서 나오는 길 찾기 문제네" 하며 제가 지도하는 교과 과정에서 다루던 내용들이 먼저 보입니다. 제 학년에서는 단원과 유형을 묶어 문제를 이해하는 방법과 해결하는 방법을 먼저 배운 다음 문제를 풉니다. 그러다 보니 최소한의 해결력과 시간만으로도 문제를 풀 수 있지요. 바삐 돌아가야 하는 진도를 생각해보면 당연히 그래야 할 것입니다.

하지만 사고력 학습의 참된 목적은 최소한의 경험과 개념을 바탕으로 문제를 이해하는 능력을 기르고, 풀이를 생각할 수 있는 충분한 시간과 기회를 주려는 것입니다. 또, 개념서의 방법이나 해설지의 풀이가 아닌 창의적인 방법을 찾고, 논리적인 풀이와 답을 만들어보는 데 의의가 있습니다. 사고력 수학은 결코 새로운 분야의 수학이 아니며 게임을 하고, 시계를 보고, 돈을 계산하는 것과 같이 친숙한 일상생활의 상황과 경험에서 시작되는 문제들입니다.

당연히 사고력 문제집을 푸는 것이 사고력 학습의 전부는 아니며, 사고력 학습을 해야만 수학을 잘 할 수 있는 것도 아닙니다. 해결의 기회 마련이 사고력 수학의 시작입니다. 사고력 수학을 올바르게 연습하고 효과적으로 경험한다면 앞으로 중고등 수학을 학습하는데 소중한 밑거름이 될 수 있습니다.

사고력 수학은 어떻게 접근해야 할까?

수학에 재능을 보이는 주변 아이들이 일찍부터 사고력 학원을 다니거나, 문제집을 푼다는 이야기를 들으면 왠지 조바심이 납니다. 어렸을 때 일찍부터 시켜야 수학을 잘하나, 창의력과 사고력이 늘어나려나 싶은 마음이 들지요. 하지만 무턱대고 남들따라 학원을 보내고 문제집을 사서 억지로 시켰다가는 결국 주입식 교육으로 돌아서는 일이 생기고 맙니다.

또 하나 문제가 더 있습니다. 사고력 수학을 살펴보면 교과 과정의 심화 응용문제나 선행 단계에서 다루는 내용이 많습니다. 그러다 보니 자칫 전반적인 선행과정으로 오해하여 학습시키는 경우가 많습니다. 답을 찾기 위해서 많은 개념을 추가로 주입하기도 하지요. 그러고는 눈에 띄는 성과가 없으면 아이의 능력과 재능 탓을 하기도 합니다. 그럴 것이라면 차라리 충실하게 교과 과정을 밟아가는 것이 더 좋은 결과를 볼 수 있습니다.

그럼 진짜 필요한 사고력 학습은 어떻게 접근해야 하는 것일까요?

√ 사고력 학습은 흥미 유발과 경험부터 시작한다.

달력 보기, 시계 보기, 거울과 대칭 등과 같은 일상의 경험은 수학의 한 영역이 됩니다. 쌓기나무, 도형 뒤집기와 돌리기는 블록 놀이나 퍼즐의 연장선이지요. 마방진, 스도쿠 외 일부 보드게임들은 수학에 관련된 게임이기도 합니다.

이는 제가 수학 학습에서 1순위로 추천하는 사고력 학습법들입니다. 물론 시기가 되면 모두 교과 과정에서 쓰며, 응용된 문제들에서 다뤄지기도 하지요. 이때 최소한의 필요한 지식을 기반으로 충분하게 이해할 시간과 경험의 여부가 중요할 뿐입니다.

당장 교과 수학의 점수에 영향을 주지는 않더라도 수학적 감각을 키우고 수학에 자신감과 흥미를 갖게 하는 데는 충분할 것입니다.

✓ 시간을 주는 것이 중요하다

사고력 학습에서는 개념을 주입하거나 유형을 만들어 반복하여 연습시킬 필요가 없습니다. 선행과 후행을 준비할 필요도 없지요. 다만 어떤 상황에 대한 경험, 그것을 충분히 생각할 수 있는 시간의 여유, 문제 해결을 위한 사고의 기회를 주는 것이 가장 중요합니다.

사고력 문제집을 풀게 할 때도 방법의 주입이 먼저가 아니라 상황에 대한 이해를 시작으로 고민할 시간과 기회를 주길 바랍니다. 매일 몇 장을 풀어가는 것이 중요한 것이 아니라 아이가 꾸준하게 이해하며 문제를 해결해가고 있는 것에 의미를 둘 필요성이 있습니다.

✓ 사고력 학습의 양을 조절하자

사고력 학습지를 살펴보면 적정 연령이 표시되어 있기도 하고, 높은 난이도의 사고력 문제를 다루기도 합니다. 하지만 크게 개의치 마세요. 혼자서 접근하고 고민하여 풀이를 만들 수 있는 수준을 선택하도록 합니다. 답을 맞히는 것보다 답에 접근해가고, 풀이를 만들어갈 수 있는 것이 사고력 학습에서 가장 중요한 점입니다. 너무 많은 영역을 동시에 학습하거나 학습량을 늘려만 가면 결국 주입식 학습과 암기가 될 수밖에 없습니다.

✓ 독서량을 늘려라

긴 문장으로 구성된 문제를 해석하는 능력, 논리적으로 조건을 나열하는 능력, 풀이의 순서를 정하고 접근하는 능력 등은 독서를 통하여 문해력을 길러둔 아이들에게 실제 유리하게 작용합니다. 독서는 긴 문제를 읽거나 상황을 이해하는 데 도움이 됩니다.

다양한 영역의 독서를 하였던 아이들은 실제 경험을 한 것만큼이나 상황에 대한 이해도가 높습니다. 어찌 보면 사고력과 논리력을 기르는 데 독서만큼 쉬운 것이 없는 듯합니다.

모든 경험이 모두 결과가 되지 않는 것처럼 사고력 학습이 수학 경험의 전부는 아닐 것입니다. 고학년이 될수록 사고력 수학에서 다룰 법한 유형과 심화 문제가 교과 과정에서 주로 다뤄지기에 교과 학습에 대한 부담과 사고력 학습에 대한 선택 사이에서 고민하는 경우가 있습니다. 충돌과 부담이 생기는 시점이라면 아이에게 필요한 학습을 선택하는 것이 맞습니다. 다만 저학년 아이라면 아직 수학 학습에 시간적, 상황적 여유가 있는 시기이므로 경험을 권하는 것입니다.

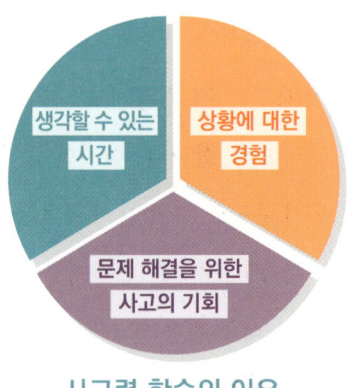

사고력 학습의 이유

3] 초등 저학년 수학: 문제를 이해하는 과정과 풀이의 표현이 중요한 시기

제멋대로 푸는 아이, 속 터지는 부모

아이가 푼 수학 문제를 보고 있자면 속이 터집니다. 문제의 중요한 조건은 빼먹고 제멋대로 해석하지 않나, 식과 과정은 어디로 간 건지 답만 딸랑 있질 않나, 그마저도 오답이질 않나, 잘 풀었다 싶은 문제는 마지막에 계산이 틀려 또 오답이라니……. 그래도 답이라도 쓰면 다행인 걸까요? 조금만 어려우면 "엄마 이거 모르겠어"하면서 수십 번 부르거나 아니면 모두 별 표시로 가득하지요.

다른 집 이야기가 아닙니다. 이제는 초등학교 3학년이 된 딸과 수학 학습을 시작할 때의 이야기입니다.

대부분의 집도 비슷할 거라고 봅니다. 하지만 마냥 공부가 하기 싫어서 그런 것은 아닙니다. 수학 머리가 없어서 그런 것은 더더욱 아닙니다. 한글을 깨쳐도 읽거나 해석하는 데 서툴 수 있는 시기인데, 하물며 수학적 경험이 없고 방법을 모르니 당연히 그럴 수 있지요. 아이의 모습을 보고 속 터지는 부모님이 이해되지만, 아이의 시선으로 바라봐주셨으면 합니다.

수학을 해석하는 것도, 접근하는 것도, 표현하는 것도 모두 연습이 필요합니다. 조급해할 필요는 없습니다. 지금부터 하나씩 해나가는 것이 중요하니까요. 처음에는 어떻게 학습시켜야 하는지 막막할 수도 있으나 무엇이든 습관이 되면 자연스럽게 해결이 됩니다. 저의 딸아이와 같은 자녀가 있다면 학습을 많이 시키고 빨리 진도를 나가기보다는 수학을 시작할 때 필요한 것을 먼저 알려주도록 합시다. 다음의 내용을 보고 꼭 실천해보세요.

수학의 시작: 천리 길도 한 걸음부터

✓ 이해가 가지 않거나 해결이 안 되는 문제는 소리 내어 문제를 읽게 하라

→ 눈으로만 읽고 모른다고 하기 없기. 소리 내어 문제를 읽다 보면 눈으로 읽었을 때 빠졌던 중요한 조건이 내 입을 통해 나오게 됩니다. 스스로 조건을 강조해주는 역할도 합니다.

하지만 때에 따라 문제를 읽어도 풀지 못하는 경우가 있습니다. 긴 문장으로 된 문제에서 문해력이 떨어지거나 아예 대충 읽어버리는 경우이지요. 이럴 때는 옆에서 아이에게 문제를 소리 내어 다시 읽게 하고, 문제의 문장을 중간에 끊어주거나 중요한 부분을 강조해서 한 번 더 읽어주세요. 이 정도로도 문제를 이해하는 데 충분한 도움이 됩니다. 아이는 충분히 풀 수 있는 능력을 갖추고 있습니다. 단지 문제를 이해하지 못하여 모르는 문제라고 생각하는 경우가 많을 뿐입니다.

✓ '중요한 조건은 밑줄', '단위를 결정하는 물음은 동그라미'와 같은 표시를 하자

→ 수학은 문제 안에 답이 있습니다. 문제에서 주어진 조건들은 모두 쓰입니다. 학년이 올라갈수록 문제는 길어지고 챙겨야 할 조건은 더 많아지지요. 표시하는 습관은 조건을 빠트리지 않게 하고 아직 사용하지 않은 조건을 구별하는 데 효과적입니다. 문제 끊어 읽기와 같은 빗금 표시, 문제의 조건

은 밑줄, 단위를 결정하는 동그라미 표시 등 다양한 구분 기호를 이용하는 방법을 연습시켜주세요.

✓ 문제의 이해 과정이나 풀이를 그림이나 표로도 나타내보자

→ 문제의 상황을 그려보기도 하고 규칙을 직접 나열하거나 표의 형태로 만들어봅니다. 수학을 이렇게 접근해도 될까 싶지만 이러한 직접적인 표현이야말로 개념이나 문제 이해의 시작이 됩니다. 또 유형이나 규칙 파악에도 도움이 됩니다.

서술도 어렵게 생각할 필요 없습니다. 답으로 가는 과정과 순서를 적는 것일 뿐 꼭 식과 문장의 형태일 필요는 없지요. 이러한 연습들이 저학년 때 충분히 이루어져야, 어려운 중·고등 수학을 접할 때도 다양하게 접근하는 방식을 깨달을 수 있습니다.

✓ 스케치북 한 장에 한 문제를 예쁘게 풀어도 된다

→ 좁은 공간의 압박은 실수를 유발하게 합니다. 아이가 푼 문제집을 보면 도대체 어디에 푼 것인지 마구잡이로 계산된 것을 본 적이 있을 겁니다. 공간이 부족할 때, 칸을 넘어선다는 것이 아이한테는 압박이 될 수도 있죠. 복잡한 연산일수록, 풀이의 표현이 많을수록, 종이를 아끼지 않고 풀이를 쓸 수 있도록 해주세요.

글씨는 커도 되지만, 풀이를 정돈하여 써 내려갈 수 있도록 지도해주는 것은 아주 중요합니다. 학년이 올라갈수록 글씨의 크기는 줄어들며 나중에는 작은 공간에 맞춰서 꼼꼼하게 풀 수 있게 될 것입니다.

✓ 그림과 도형은 따라 그려보자

→ 그림이나 도형을 이해하는 데 있어서 '따라 그려보기'는 좋은 방법입니다. 어렸을 때는 도형을 다뤄볼 기회가 많지만, 학년이 올라갈수록 직접적인 경험을 하기가 쉽지 않습니다. 어쩔 수 없이 책 속에서만 다루게 되고 간접적인 경험이 전부가 됩니다.

실제 중학교 1학년 중에는 직육면체의 겨냥도를 그리지 못하는 아이들이 꽤 많습니다. '직육면체를 실제로 보는 것, 보는 각도에 따라 보이는 것, 보이지 않는 부분의 점, 선, 면을 생각해보면서 평면에 담는 것' 그 차이는 직접 그려보아야 알기 쉽습니다.

또, 그림 속에는 문제 출제자의 의도와 조건이 숨겨져 있기도 합니다. 따라 그려보면서 숨은 조건을 찾으면 개념이나 유형으로 오래 기억할 수도 있습니다. 도형, 표, 그래프, 통계의 다양한 자료 등은 감상하는 데 그치지 말고 직접 익히는 시간을 가져보도록 해주세요.

✓ 우리 아이는 수학 선생님

→ 저도 수학을 혼자 하면 재미없습니다. 줄기차게 문제만 풀게 하지 마세요. 아는 것, 또는 모르는 것이라도 표현하게 해주세요. 개념을 설명해보거나 작은 보드에 문제의 풀이를 써보고 설명해보라 하면 즐거운 마음으로 임할 것입니다. 아직은 풀이 과정을 쓰는 것보다는 말로 설명하는 것이 훨씬 쉬운 시기이기 때문입니다.

저학년 아이들은 일상생활의 상황을 말로 조리 있게 전달하는 것도 쉽지 않습니다. 아이에게 학교에서 있었던 일을 듣는 일도 여간 어려운 일이 아니죠. 수학 개념이나 풀이 과정을 표현하는 것은 더욱 어려운 일입니다. 표현하는 것만으로도 대견함을 잊지 말아주세요.

아이도 머릿속의 혼란스러운 풀이는 입 밖으로 꺼내져야 정리가 되고 오래갑니다. 무엇보다 아는 것을 표현하는 활동은 자신감으로 연결되는, 즐거운 학습 활동이 되기도 합니다.

✓ 모르는 것은 키워드처럼 중요한 조건만 던져주기

→ "몰라 몰라 모르겠어"라고 할 때, 이해가 쉽고 간단한 최적의 풀이를 제공하면 안 됩니다. 아이의 입장에서 풀어야 할 한 문제가 줄어들었을 뿐 모르는 것을 알게 된 성취감과는 연결되지 않습니다. 흐름을 이해하지 못하였다면 문제를 같이 읽어보면서 이해가 안 되는 부분을 반대로 물어보세요. 아예 풀이에 접근을 못 한다면 조건에 밑줄을 그어주거나, 중요한 조건을 던져주는 것으로도 아이는 문제를 다시 생각하게 됩니다.

어쩔 수 없이 모르는 것을 설명해줘야 할 때도 있기는 하지요. 그렇다면 70% 정도의 설명으로 풀이를 완성하지 않고 나머지를 아이가 직접 채울 수 있도록 해줍니다. 직접 해결하는 성취감은 큰 학습 효과로 이어집니다.

해결이 안 되니까 안 하고 싶은 것이고 점점 못하니까 싫어지는 것입니다. 그때는 포기가 아니라 방법을 생각해야 합니다. 이제 막 수학을 만나기 시작한 아이에게 '눈으로 보기만 해도 반짝 떠오르는 아이디어로 실수 없이 문제를 해결하라'고 하는 것은 당연히 안 될 이야기입니다.

4] 초등 저학년 수학: 수학이 자신 있고 재미있어야 한다

달리기도 전에 다그치면 완주할 수 없다

마라톤에 참가하기 위해서는 기초체력을 다지고 거리를 늘려가면서 달릴 준비를 해야 합니다. 오랫동안 차근차근 준비해야 42.195km를 완주할 수 있는 체력이 형성되지요. 그런데 누군가 1등으로 완주하지 못할 것 같으니 뛰지 말라고 한다면 어떨까요? 처음부터 왜 빨리 뛰지 않느냐 재촉을 한다면요? 뛰기도 전부터 자신감을 꺾어버리거나 빨리 달리라고 소리쳐서는 절대 안 될 일입니다. 완주는커녕 10km도 뛰기 어려운 것이 현실이지요.

수학은 마라톤과 같습니다. 성실하게 준비하고 있다면 굳이 불안해하거나 의심할 필요가 없습니다. 다른 아이와의 비교는 더욱이 안 될 일이고요. 마라톤은 스타트가 중요한 경기가 아닙니다. 끝까지 완주할 수 있는 지구력과 체력이 중요합니다. 긴 여정을 준비하고 이제 막 시작하려고 출발선에 선 아이에게는 부모의 칭찬과 격려, 관심의 목소리가 필요할 뿐입니다.

지금 시기는 풀코스를 뛸 수 있는 기초를 쌓는 것이 중요하며, 그 기초는 꾸준한 학습을 통해 형성됩니다. 꾸준한 학습이 가능하기 위해서는 학습을 통해서 크고 작은 성취감을 느끼는 기회가 필요하지요. 스스로 할 수 있으며 끝까지 해낼 수 있다는 것을 알아가는 과정은 수학에 대한 재미와 자신감으로 연결될 것입니다. 그럼 아이가 수학에 자신감을 가질 수 있도록 부모는 무엇을 도와야 할까요?

✓ 제 수준에 맞거나 낮은 단계의 학습을 해본다

→ 가위바위보를 해서 어른이 이기면 아이는 엄청 속상해합니다. 이길 때까지 반복해서 하려고 하지요. 이긴다고 특별한 보상이 있는 것도 아닌데, 아이들은 졌다는 생각과 내가 미숙하다는 사실을 인정하기 싫어합니다.

저학년 아이에게는 아직 누구에게 지거나 내 생각이 틀렸다는 것을 인정하는 것이 힘들 수 있습니다. 굳이 어린 아이에게 그런 시련을 줄 필요도 없고요(물론 딸아이에게 가위바위보로 끝까지 이겨서 시련을 주는 저의 집 남편도 있기는 합니다). 놀이도 그러한데 학습은 더 큰 시련이 될 수 있습니다. 자신의 실력보다 높은 수준의 학습은 시간이 오래 걸리고, 틀렸을 때 나는 안된다는 생각을 할 수 있습니다. 따라서 수준을 높여 학습을 진행할 필요는 없습니다. 처음에는 낮은 단계의 문제를 풀게 하며 문제를 맞혔다는 성취감을 얻게 해야 합니다. 내 생각과 행동으로 인한 결과가 옳다는 재미를 알게 해야 합니다.

✓ 할 수 있는 만큼만 한다

→ 하루에 할 수 있는 분량만 계획하고 학습하게 합니다. 분량이 너무 많아 끝내지 못한다면 다음으로 미루는 것이 습관화될 수 있습니다. 또 끝내지 못한 것이 자신의 능력 탓이라고 생각할 수도 있습니다.

초등학생 때는 두꺼운 문제집보다는 완독할 수 있는 얇은 문제집을 선택하는 것도 추천합니다. 한 권을 끝낸다는 목표와 끝냈다는 성취를 알아갈 수 있으며 '나는 학습에 있어 계획적이고 성실하다'라는 생각이 들게 합니다. 끝냈다는 만족감, 해냈다는 성취는 모두 자신에 대한 믿음이 됩니다.

✓ 배운 것, 아는 것을 자랑해도 된다

→ 내가 배운 것 또는 아는 것을 가르쳐주고 설명하는 것은 훌륭한 학습법이자 자신감을 가져다주는 행동입니다. 공부에 있어서 진짜 재미는 아는 것을 자랑하는 것이 아닐까요? 자꾸 표현시키고 발표시켜보세요. 아이를 가르치려고만 하지 말고 아이에게 배워보는 시간을 가져보도록 합시다. 아이는 아는 것만을 가지고도 훌륭한 선생님이 되어줄 겁니다.

✓ 수학을 못 한다는 생각을 없애라

→ 틀리거나 몰라도 '너만 그런 것이 아니다'라고 이야기해주세요. 처음 배우는 것이 익숙한 사람은 없습니다. 오답이 정답이 되어가는 과정을 겪어야 제대로 된 실력이 쌓이는 것입니다. 지금 문제를 잘 못 푸는 이유가 절대 수학을 못해서 그런 것이 아니며, 수학 학습의 과정임을 깨닫게 해줘야 합니다. 다만 틀리거나 모르는 것을 당연하게 생각하거나 그냥 덮어두는 것은 경계해야 합니다. 이것이야말로 수학을 못 하게 되는 길이니까요.

못한다고 생각하기 전에 잘하는 것이 무엇인지 살펴봐주세요. 수학에는 규칙, 수, 계산, 도형, 통계, 확률 등 다양한 영역이 있습니다. 수학을 잘하는 아이도 못하는 아이도 더 관심을 가지거나 잘하는 영역은 분명히 있습니다. 못하는 것만 볼 것이 아니라 더 좋아하는 것과 잘하는 것에 집중하고 자신감을 가질 수 있도록 해야 합니다.

가끔 학원의 레벨테스트를 보고 "우리는 아이가 수학을 잘하는 줄 알고 착각했어요"라고 말씀하시는 부모님이 계십니다. 착각 좀 하면 어떤가요. 아무것도 모르는 것도 아니고, 안 하려고 떼쓰는 것도 아닌데요.

마라톤에서 처음 1km를 1등으로 달렸다고 해서, 1등으로 완주하는 것이 아니지요? 아이가 수학을 잘하는지 착각했다는 것은 아이가 그만큼 성실하게 준비하고 있었다는 것입니다. 학습 태도가 좋다거나 문제를 열심히 푼다거나 등 부모가 보기에 잘하고 있는 부분이 있었던 것이지요. 이제 시작이기 때문에 그것으로 충분합니다. 즐거운 마음으로 달리려는 아이를 걱정할 필요는 없습니다. 지금은 아이가 들을 수 있도록 응원하고 잘하고 있다고 칭찬해주는 것이 더 필요할 때입니다. 두고 보세요. 아이들은 수학에서 끝까지 정말 알 수 없는 반전에 반전을 거듭할 것입니다.

5] 초등 고학년 수학: 가장 올바른 내 아이의 수학 심화

수학 70점이 괜찮니? 어려운 시험이 불러온 심화 열풍

처음 강남 대치동으로 강의를 나가던 2008년 어느 날, 중학교 1학년 학생들이 1학기 중간고사가 끝나고 결과를 가지고 오는 날이었습니다(그때는 1학년도 시험을 치렀습니다). 인사와 함께 반 아이들의 이름과 학교, 성적을 기록하면서 시작하려고 하였습니다. 그중 먼저 다가와 신나게 이야기하는 한 남자아이를 지금도 잊을 수가 없습니다.

"선생님, 저 수학 70점 맞았어요."
"……넌 수학을 70점 맞았는데 괜찮니?"

보통 중학교 1학년이 70점을 맞으면 중하위권인데, 자랑스러워하는 그 아이에게 걱정스레 이야기를 건넸습니다. 그랬더니 다음처럼 말하더군요.

"어? 저 반에서 수학 2등 했는데요. 1등은 80점 초반이고요. 아마 전교에서 저는 십몇 등 일 거예요."

그 아이는 대치동에서 수학 시험을 가장 어렵게 낸다는 D중학교 학생이었습니다. 그 당시 대치동은 D중학교를 시작으로 수학 시험을 어렵게 내는 것이 유행같이 번졌던 적이 있습니다. 때문에 중상위권 정도의 아이들이라면 유명한 심화 교재 2~3권은 기본으로 풀어야 했습니다(사실 수학이 어려우면 문제를 출제하는 학교 수학 선생님이 제일 힘듭니다. 시중 교재나 유형에서 볼 수 없는 새로운 문제를 만들어야 변별력이 생기기 때문입니다).

다행히 그 이후 점차 강남권 중학교의 시험 난이도는 나름 어느 정도 평탄하게 조절되긴 했습니다. 하지만 수학 문제를 어렵게 내던 시절에 강의를 시작한 저는 그 인상이 아직 강하게 남아있습니다. 그때의 경험이 계기가 되어 이후 대치, 서초, 반포 등에서 상위권을 위한 선행과 심화 강의를 오랫동안 했습니다. 덕분에 선행과 심화 학습에 대한 필요 유무, 시기와 방법에 대해서 단호하게 이야기할 수 있게 되었습니다.

심화, 이렇게 하지 마세요

결과부터 말하자면, 저는 제대로 된 심화 학습을 할 것이 아니라면 아예 시작조차 하지 말라고 말리고 싶습니다. 대부분 심화 학습을 어떻게 하고 있나요? 부모가 심화 학습을 하라 재촉하거나 부모님의 성화에 못 이겨 학원을 다니죠. 개념 학습이 끝나면 유형서를 풀고 심화 단계로 자연스럽게 넘어가는 듯합니다. 문제는 그러다 보니 아이들에게 이 과정들이 사고하는 시간이 아닌, 단지 또 하나의 수학 과제를 하는 시간으로만 여겨진다는 것입니다.

대치동 강의를 할 때 가장 이해하기 어려웠던 것은 학생들에게 한 학기에 빠르게 2~3권의 심화서를 풀게 한다는 것이었습니다. 개념서와 유형서도 푼다는 가정하에 심화서 2~3권을 추가한다면 학원에서 내는 숙제의 양은 당연히 어마어마할 수밖에 없습니다. 그런 경우 아이들은 눈으로 문제를 한 번 읽고 어려워보이면 무조건 별 표시를 하고 넘어갑니다. 그래야 겨우 숙제를 마칠 수 있으니까요. 그 후에 아이는 선생님의 간단명료한 해법을 듣고 최적의 풀이를 적어가거나, 해설지의 완벽한 풀이를 참고합니다. 가끔 오답 정리를 하라고 하면 그 풀이를 공책에 한 번 적으면 그만이고 말입니다. 이런 과정이 과연 성적 향상을 위한 올바른 과정일까요?

이렇게 하면 단기간 심화 유형을 외워 연습한 것이기에 조금만 변형된 문제가 나오면 문제에 접근조차 하지 못합니다. 문제가 토씨 하나 틀리지 않고 나와야 풀 수 있다면 차라리 암기 과목을 공부하는 것이 전 과목 평균에 도움이 됩니다.

심화, 이렇게 하세요

저는 고2 때 예체능으로 입시를 준비하다 실패를 한 경험이 있습니다. 집안 사정도 여의찮았고 재능도 부족했기에 앞으로는 무엇을 해야 할까 방황의 시간을 보냈죠. 딱히 공부에 관심이 있었던 것이 아니라 할 수 있는 공부도 없었습니다. 그때 눈에 들어온 것이 공통 수학(고1 수학 교과서)이었습니다. 저는 자율학습 시간이 되면 혼자 책을 읽고 기본 문제를 풀며 시간을 보내곤 했습니다.

그러던 어느 날, 같은 반에 전교 1등을 하던 친구가 자율학습 1교시가 끝났는데도 자리를 지키고 있는 것을 보았습니다. 잘 풀리지 않는 수학 문제를 두고 고민하고 있었던 것입니다. 스치며 본 문제는 아주 짧았습니다(사실 수학에서 진짜 어려운 문제는 길고 긴 문장제가 아닙니다. 조건이 최소한으로만 주어진 짧은 문제가 더 많은 생각과 경우를 고민해야 하기에 더 어려운 문제입니다). 2교시 자율학습이 시작되고 저는 짧았기에 기억하는 그 한 문제를 50분 동안 연습장에 풀기 시작했습니다. 무식하게 나열도 했다가 하나하나 대입도 하며 푸니, 어느 순간 정리가 되었습니다. 쉬는 시간이 되자마자 전교 1등 친구에게 다가가 풀이와 답을 설명했던, 그 짜릿했던 순간의 경험이 지금의 저를 만들어준 듯합니다.

물론 아는 것이 많지 않았기에 문제를 푸는 데 소요된 시간과 과정은 길 수밖에 없었습니다. 경험이 부족했기 때문에 더 많은 생각을 해야 문제를 풀 수 있었을 것입니다. 하지만 스스로 필요한 개념을 찾고 유형을 만들어 가고 문제의 풀이와 답을 낼 수 있었다는 뿌듯함이 수학의 참 묘미를 느끼게 해주었지요. 만약 반복 학습처럼 어려운 문제를 풀라고 했으면 금방 항복을 외쳤을지도 모릅니다.

지금은 수학을 시작하는 단계입니다. 벌써부터 정해진 방법으로 어려운 문제를 풀어가는 연습을 시킬 필요는 없습니다. 자유롭게 한 문제를 가지고 싸워보며, 정복하는 재미를 느껴봐야 합니다. 이 과정에서 수학적 사고의 힘을 기를 수 있습니다. 이때 느끼는 수학에서의 성취감은 제일 훌륭한 학습의 원천이 되어주기도 합니다(지금이 아니면 수학과 싸워보는 충분한 시간이 주어지지 않을 수도 있습니다).

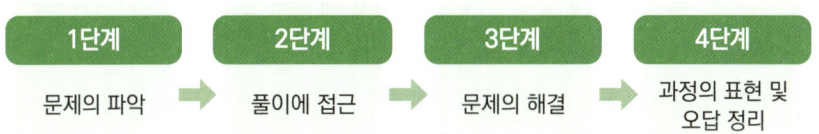

단순하게 수학 공식을 이용해서 푸는 문제는 기본 문제뿐입니다. 과정을 생각하고 풀이 단계에서 많은 표현을 해야 하는 문제가 진정 어려운 문제들이지요. 그런 문제를 푸는 과정에서 그림이나 표, 나열, 대입은 훌륭한 풀이

표현이 됩니다. 답에 도달하지 못하더라도 문제를 이해하고 접근해갔다는 것만으로 이미 제대로 된 심화 학습을 하고 있는 것입니다.

만약 너무 풀리지 않아 걱정이 든다면 비슷한 유형이나 개념을 거꾸로 찾아가게 지도해주는 것도 좋은 해결 방법입니다. 혹은 정답을 부모님이 보고, 키워드 형태의 조건을 건네주는 것만으로도 좋습니다. 아이에게는 목마름이 해결되는 오아시스가 되어 주지요.

물론 아예 문제조차 이해가 안 되고, 접근 시작조차 어렵다면 제 수준에 맞는 문제가 아닌 것입니다. 누구나 푸는 심화서, 많이들 푸는 유형은 중요하지 않습니다. 이런 경우 단계와 난이도를 낮추면서 아이가 스스로 고민하고 접근할 수 있는 수준의 심화 학습을 찾아가길 바랍니다.

마지막으로 가장 중요한 것은, 틀리거나 모르는 것을 그냥 덮어두지 않는 것입니다. 문제를 풀고 나서는 오답을 정리하는 시간이 필요합니다. 오답 정리는 다시 과정을 정리하고 표현해보는 소중한 기회이자 시간입니다. 오답 정리를 통하여 노트에 풀이를 쓰거나 풀이를 설명하는 기회를 갖도록 합니다. 어려운 문제일수록 설명할 내용은 많고 풀이에 복잡한 구조를 갖기 때문에 직·간접적인 표현의 기회가 있다면 더 좋은 효과를 기대할 수 있습니다. 또한 한 번 오답 정리를 해두었다고 하여 아이가 이해를 한 것은 아닙니다. 모르는 것을 이해하고 기억하고 직접 풀 수 있는지 확인하는 오오답 학습까지 반드시 이어가야 합니다. 이 점을 유념하여, 아이의 수학을 문제 풀이 전부터 후까지 꼼꼼하게 지도해보길 바랍니다(오답 정리에 대한 이야기는 뒤에서 다시 하겠습니다).

하나 더! 심화를 시작할 때 고려할 점

1) 심화에도 쉬운 문제집이나 단계가 있다
심화라고 해서 많은 문제를 풀어볼 필요는 없습니다. 다들 푸는 문제집, 어렵다고 소문난 문제집을 선택할 필요도 없고요. 여러 난이도의 심화 문제집이 있으므로 아이 수준에 맞는 한 권 정도의 문제집으로 충분한 시간을 갖고 풀어보길 바랍니다.

2) 진도를 생각하지 말자
진도에 급급해하거나, 하루에 풀어야 하는 양이 많을 때는 학습이 길어질 것이라는 생각에 지레 겁을 먹을 수 있습니다. 결국 풀 수 있는지 없는지에 대한 결정을 빨리 내리고 고민의 깊이가 얕아질 수밖에 없습니다. 무작정 진도를 빼고자 하지는 마세요. '어려운 문제는 3~5개만 풀어볼까?' 하면 빨리 풀고 놀고 싶은 마음에 집중력이 높아지기도 합니다. 물론 한 문제를 가지고 오랜 시간 고민했다면 이는 칭찬할 일입니다. 답을 내지 못하여도 아이는 고민한 시간을 통하여 충분한 수학적 성장을 이루었을 것입니다.

3) 내 아이의 수학 학습 시간을 생각하자
아이가 집중할 수 있는 수학 학습 시간이 1시간이라면 1시간 동안 쉬운 개념 문제집을 푸는 양, 1시간 동안 혼자 풀어낼 수 있는 심화 문제의 개수가 적절한 학습량이 됩니다. 처음에 심화 문제의 속도는 중요하지 않습니다. 주어진 시간에 적은 문제를 풀어도 되지요. 고민의 깊이만큼 실력이 늘어가니, 푸는 속도와 풀어야 할 문제의 양은 서서히 변화시켜도 충분합니다.

LEVEL 1	LEVEL 2	LEVEL 3
최상위수학 S (디딤돌), 최상위 쎈 (신사고), 왕수학 실력 (에듀왕) 등	최고수준 (천재), 큐브 수학 심화 (동아), 문제 해결의 길잡이 심화 (미래엔) 등	최상위수학 (디딤돌), 점프 왕수학 (에듀왕) 등

■ 초등 수학 심화 교재 난이도 예시

6) 초등 고학년 수학: 가장 올바른 내 아이의 수학 선행

선행의 유혹, 신상품의 유혹처럼 허탈할 수 있다

수학 학습에 대한 인스타 라이브 방송을 준비하면서 초등 고학년 학부모님을 대상으로 사전 질문을 받은 적이 있었습니다. 고학년 자녀를 둔 부모님들의 주요 궁금증은 '초등 고학년 시기의 선행'에 대한 내용이었습니다. 질문을 정리하면 선행은 언제 시작하며 어느 정도 해야 하는 것이 좋은지를 고민하는 분들이 대부분이었습니다. 이에 대해서는 제 일화를 하나 소개하고 다루고자 합니다.

작년 여름이 끝나갈 무렵, 딸아이와 백화점 구경을 갔습니다. 때마침 막 겨울 신상 패딩과 코트가 나오기 시작하던 때라 눈이 갔습니다. 덜컥 아이의 겨울 코트 한 벌을 집어 들었습니다. 겨울 신상이라 할인도 없이 정가 그대로를 주며 점원에게 "겨울까지 절대 세일하는 일은 없겠지요?"라고 물었습니다. 점원은 당연하다는 표정으로 답하였습니다.

"그럼요. 올겨울 신상이라 절대 세일 안 해요. 품절되면 사고 싶어도 못 사니까 미리 사두세요."

몇 달 후 겨울이 시작되기도 전인 11월, 믿을 수 없는 엄청난 세일이 시작되었고 물론 그 코트는 품절되지도 않았습니다. 미리 구매한 코트는 좁은 장롱 속에 넣어둔 탓에 입으려고 꺼내보니 털이 눌리고 모직이 구겨져 있기까지 했지요.

잘못된 선행은 여름에 비싸게 산 겨울 신상 코트와 같습니다. 상위 학년의 내용이니 공부할 때는 어렵고 많은 학습량에 힘들어합니다. 그런 고생 끝에 선행한 내용을 그 학년이 되어 써보려고 하면, 이미 구겨지고 기억에 남는 것도 별로 없을 수 있습니다. 그런 경험을 겪을 때 아이의 마음은 '필요할 때 배우면 이해가 좀 더 쉬운 것을 왜 미리 고생하며 머릿속 장롱에 넣어 둔 거지?'라는 허탈감으로 가득할 것입니다. 꼭 우리가 세일 소식을 들었을 때처럼 말이죠.

선행에서 가장 중요한 것은 내 아이가 현행 수학 학습을 할 때, 선행 학습이 과연 얼마나 필요한지부터 생각해보아야 하는 점입니다. 물건도 필요한 시기에 사는 것이 가장 싸고 현명한 구매가 될 수 있듯, 학습도 필요한 시기에 담아야 효과가 극대화될 수 있습니다. 당장 쓸 것이 아니라면 굳이 미리 담아둘 필요가 없습니다.

과도한 선행이 만든 안타까운 현실

얼마 전 현재 중고등학교에서 수학을 가르치는 대학 동기들을 만난 적이 있습니다. 교실 밖에서의 수학 공부 이야기가 아닌 학교 교실 안에서의 수학 공부 이야기를 들을 수 있었는데, 참으로 안타까웠습니다.

현재는 학생 수가 우리 세대에 비해 현저히 줄어 30명 남짓입니다. 문제는 그중에서도 수업에 집중하는 아이는 3~4명뿐이라 말하였습니다. 시대를 가리지 않고 많은 수포자들이 있었지만 그래도 수업 자체는 열심히 듣는 아이들이 많았던 것으로 기억하는데, 요즘은 왜 그런 것일까 궁금했습니다. 여러 이유가 있겠지만, 그중 하나는 사교육의 영향 때문이라 합니다.

학생들의 성적과는 관계없이 많은 학생이 사교육을 통해 선행 학습을 하고 있습니다. 그러다 보니 수업 시간에는 아는 내용이라며 흘려듣거나 딴짓하는 경우가 많다고 합니다. 이미 선행으로 배운 내용이니 선행 학습 때 잘못 이해했더라도 맞다고 생각하고 수업을 듣지 않는다는 것입니다. 수업을 듣지 않으니 잘못 공부한 사실을 고칠 수도 없고, 모르는 것이 생기거나 학습에 어려움을 느끼더라도 고민하고 선생님을 찾아오는 학생도 몇 명뿐이라고 합니다.

"차라리 아이들이 선행을 안 하고 왔으면 좋겠어."

체념한 듯한 동기의 저 말 한마디가 지금도 귓가에 맴돕니다. 물론 제 동기들의 이야기가 모든 학교 수학 선생님들의 생각을 대변하는 건 아닐 수도 있습니다. 하지만 실제로 대다수 학생이 선행을 하는 것이 현실이고, 선행으로 인해 가장 중요한 학교 수업 때는 딴짓을 하는 행동으로 인해 종종 문제제기가 있었던 것을 부모님들은 들어보셨을 것입니다. 그렇다면 선행 학습이 현재의 수업에 방해가 되는 것이 사실일 수도 있습니다.

그러면 아이들의 입장은 어떨까요? 느리지만 천천히 원리부터 밟아가는 학교 선생님들의 설명은 이제 익숙하지 않습니다. 실제 학교 수업의 속도가 느린 것은 아닙니다. 단지 선행 학습의 특성상 학교 수업 40~45분에 진행할 내용을 더 빨리 끝내야 하고, 1학기 과정을 한두 달 만에 끝내는 경우도 많아서 학교 수업이 상대적으로 느리게 느껴질 수 있다는 것입니다.

그러다 보니 다양한 수학적 활동이나 경험으로 수학을 이해할 수가 없어졌습니다. 이미 알고 있으니 학교 선생님의 설명을 앞서가다 포인트를 놓치는 경우도 많습니다. 가장 기본적인 개념을 묻거나 원리와 과정을 묻는 것에는 약할 수밖에 없으며 아이러니하게도 난이도가 높은 문제를 풀 때도 어려움이 생깁니다. 사고의 능력보다 암기의 능력을 갖춘 터라 위에 학년의 공식으로 풀 수 없는 문제라면 생각하지도 않고 그냥 못 푸는 문제가 되어버리지요.

참으로 안타까운 교실 속 현실의 이야기입니다. 솔직히 저는 선행 반대론자는 아닙니다. 선행이 필요한 아이도 있고, 어느 정도 선행의 효과도 믿는 사람입니다. 그런데 선행 학습이 꼭 의무라도 되는 것처럼 모두에게 필수가 되어버리고, 선행의 효과에 부정적인 결과만 보게 되는 것 같아 마음이 좋지만은 않습니다.

고등 수학이 하고 싶다던 초등학교 6학년 아이

초등학생인 누구는 중학 수학을 공부한다더라, 누구는 고등 수학을 공부한다더라 하는 이야기를 주변에서 들어보셨을 것입니다. 실제 학습 과열 지역에서는 선행을 2~3년 이상 앞서 나가고 초등학생이 중고등 수학을 공부하는 아이들도 꽤 있습니다. 하지만 이 과정에서 잘못된 방법으로 선행을 선택하여 비효율적인 학습을 하는 경우가 많습니다.

예전에 수학의 정석으로 고등 수학을 공부하고 싶다고 찾아온 6학년 아이가 있었습니다. 특목고를 목표로 이미 중학교 3년 과정의 학습을 끝냈다고 했지요. 그런데 막상 수업을 해보니 개념 이해도 어려워하고 문제에 적용하여 푸는 것은 더욱 힘들어했습니다. 과연 어떻게 중학교 3년 과정의 수업을 끝낼 수 있었을까 궁금하던 찰나, 숙제로 내준 연습 문제의 풀이를 듣고는 놀라지 않을 수 없었습니다. 수업 시간에는 개념 이해를 어려워하던 아이가 정말이지 해설지와 같은 완벽한 풀이로 능숙하게 저와 친구들 앞에서 문제 풀이를 설명했기 때문입니다.

나중에 부모님께 들으니, 집에 오면 해설지를 펼치고 풀이를 외워 수업을 해왔다고 하더랍니다. 특목고에 진학하기 위해서는 진도를 빨리 나가야 했고 아이도 더 배우고 싶어 하는 욕심이 있어서 그랬다고 합니다. 어찌 보면 부모나 선생님의 권유가 아니라 아이 스스로 목표와 욕심을 갖고 학습을 준비했다고 하니 그 노력은 칭찬할 만합니다.

하지만 이렇게 버거운 학습은 올바르지 않습니다. 이해와 과정이 우선시되지 않고, 무조건적인 암기나 핵심만 요약하여 기억하는 경우가 대부분입니다. 그나마 기억이라도 하고 있으면 다행이죠. 그러다 보니 '배웠는데 왜 모르는 걸까?, 응용이 안 되는 걸까?' 하며 수학 실력만 탓하게 됩니다.

방법이 잘못된 것입니다. 수학에서 개념은 문제를 풀 때 필요한 최소한의 지식입니다. 개념의 원리를 생각하고 각 문제의 유형을 이해하는 데는 생각보다 많은 시간이 필요합니다.

다행히 그 아이와 부모는 어려운 결정을 해주었습니다. 그동안에 배운 것을 다시 점검하는 것으로 시작했습니다. 많은 진도를 나가거나 더 많은 문제를 풀 수는 없었으나, 대신 해설지 없이 문제를 생각하고 이해하며 천천히 나아가보기로 하였지요. 결국 아이는 풀이집의 완벽한 풀이가 아닌 자신의 풀이를 더 믿게 되었습니다. 처음에 계획했던 진도는 다 나갈 수 없었으나, 그래도 원하는 영재고에 입학하는 데 무리가 없었습니다.

과도한 선행이라면 멈추자

과도한 선행을 부추기게 된 것은 이렇게 목적이 있는 경우도 있기는 하나 대부분은 사교육의 선택이 시작되면서입니다. 초등 고학년이나 중학생이 되어 수학 학원에 가려고 하면 실력이 맞더라도 선행 진도로 인하여 반 배정을 받지 못하는 경우가 많습니다. 또 현행 위주의 학습을 준비하고 싶어도 최소 6개월에서 1년 이상의 선행 과정이 반 레벨별로 편성되어 있습니다. 현실이 이러하다 보니 아무리 대쪽 같은 줏대가 있더라도 학원이나 주변에서 선행은 기본이라 하면 흔들리기 마련입니다.

실제 이러한 상황에서 상위권의 아이들이나 학부모님께 일어나는 사례가 있습니다. 바로 필요한 단원이나 학기를 골라 선행을 계획하는 일입니다. 이는 특히 중학 수학을 처음으로 선행할 때 많이들 하는 사례이기도 합니다. 마음이 급한 부모님이 자주 선택하며, 과외 또는 학원에서 선행 수업을 이어갈 수 있도록 하기 위함이지요. 예를 들어 중학교 1학년 1학기는 대수를 다루는 단원으로만 구성되어 있는데, 초등학교 6학년 과정에서 도형과 그래프에 관련된 단원을 빼버리고 6학년 과정을 끝내는 경우입니다. 혹은 중학교 1,

2, 3학년의 1학기 과정에 있는 대수만 연결하여 대수와 관련된 3년 과정을 선행하기도 합니다. 고등학교 1학년 수학이 대수 영역을 다루다 보니 빠르게 고등 수학까지 선행하기 위한 수단으로 사용되는 사례입니다. 중학교 2학기에 다루는 도형 영역은 큰 연계성이 없다고 생각하시는 듯합니다.

하지만 중학 수학을 지도하시는 분들은 하나 같이 2학년 2학기와 3학년 2학기 수학의 어려움과 중요성을 말씀하십니다. 실제 2학년 2학기에 수포자가 결정된다고 할 정도입니다. 수학에서는 수를 확장하고 식을 계산하는 것만 중요한 것이 아닙니다. 제 학년과 수준에 맞는 도형 및 확률, 통계 영역을 골고루 학습하여야 합니다.

중학교 과정에서 2학기 단원들은 1학기에 배운 수와 식으로 영역 학습을 이어가야 합니다. 또 대수 학습에만 집중하게 되면 도형 단원을 익힐 충분한 기회와 시간이 부족할 수밖에 없습니다. 통계와 확률 영역은 매년 반복적으로 배우는 영역이 아니기 때문에 집중하지 않으면 놓치기 쉽기도 하고요.

아마 어디에선가는 지금 저의 이야기를 듣고 역으로 이렇게 해봐도 되겠다고 생각하시는 분도 계실 듯합니다. 하지만 이 방법은 선행이 아닌 복습할 때 사용하라고 추천드립니다. 개념을 처음 학습할 때 동시에 흐름을 파악하기란 쉬운 일이 아닙니다. 오히려 복습할 때 배운 것을 나열하며 흐름을 이해하는 것이 쉽습니다. 예를 들어 중학교 1학년 정비례·반비례, 2학년 일차함수, 3학년 이차함수를 묶어 복습해보면 함수란 무엇이며 식의 형태가 달라짐에 따른 그래프의 변화를 이해하기 쉽습니다.

아이에게 과도한 선행을 부추기고 있다면 반드시 멈춰 가시길 바랍니다. 우리 아이가 꼭 그렇게까지 해야 할 이유가 있는지 생각해보시길 바랍니다. 절대 늦은 것이 아닌데 서두를 필요는 없습니다. 심지어 억지로 끼워맞추듯 학습을 계획할 필요는 더욱 없습니다.

선행, 이렇게 하세요

아이는 총 12년 동안 수학을 공부하게 됩니다. 12년 동안 공부하는 학습의 양은 정해져 있습니다. 무조건 빨리 배운다고 하여 더 많은 것을 배우는 것이 아닙니다.

주변을 살펴보면 오히려 진도만 빨리 뺐다가 예전에 배운 것이 부족하여 더 이상 나아가지 못하고 안절부절 못하는 경우가 많습니다. 12년의 수학의 끝은 모두가 같습니다. 단단하게 가는 것이 첫 번째입니다. 초등학생이라면 몰랐던 것은 채우고, 부족한 부분은 반복하는 것이 우선되고 난 다음 현행학습의 준비 단계에서 선행이 얼마나 필요한지를 생각해봅시다. 선행은 꼭 필요한 아이들에게 재미를 높이거나 문제 해결의 수단이 되어주어야 합니다.

선행을 계획 중이라면 다음 사항을 고려해보시길 바랍니다.

✓ **선행을 하려면 유형과 심화 학습을 병행하라**

초등학교 4학년이 된 지 얼마 되지 않아 중학교 선행을 준비 중이라는 대치동 학부모님의 이야기를 들었습니다. 학군지에 살다 보니 이 정도 선행은 느린 편이라 걱정된다고 하시면서 중학교 선행 방법을 물어보시더군요.

제가 제일 먼저 반문한 것은 초등 고학년 과정의 선행 방법이었습니다. 어떤 교재로 어떤 과정을 거쳐 선행 학습을 진행했는지를 여쭤봤습니다.

"초등 개념서인 기본+응용 교재로 쭉 이어서 했는데, 아이가 곧잘 따라가더라고요. 그래서 쉽게 끝냈습니다."

"그럼 아이의 문제 응용력을 제대로 테스트해보신 적은 없으시겠군요."

상황에 따라 개념서로 꼼꼼하게 다지면서 현행을 유지하거나 한 학기 정도의 선행 학습을 준비하는 것은 문제가 되지 않습니다. 하지만 선행 속도를 높이기 위해서 개념서로만 학습을 이어가는 것이라면 옳지 않습니다.

이렇게 끌고 가는 선행이 무슨 의미가 있을까요? 이렇게 끌고 가는 선행이 현행이나 어려운 문제를 푸는 데 얼마나 도움이 된다고 생각하시나요? 현실은 시간이 지나면 다 까먹습니다. 아이는 상세 개념과 흐름을 기억하지 못합니다. 문제에 적용도 어렵고, 막상 현행에서는 선행을 적용하는 문제는 출제되지도 않습니다. 다지지 않고 흘러가듯 배운 학습과 배우고 쓰지 않는 학습은 절대 남는 것이 없습니다. 선행을 하고 싶다면 충분한 유형 학습이나 심화 학습을 병행하면서 반드시 단단하게 다지면서 진행하도록 합니다.

쉬운 개념서로 빠르게 선행을 하고 싶다면 한 학기 정도를 미리 살펴보는 예습의 의미 정도로만 활용하시길 바랍니다.

✓ 아이의 실력을 진단하고 속도를 체크해라

선행에 대한 걱정을 많이 이야기했습니다. 그렇다고 선행이 무조건 효과 없고, 모든 아이에게 필요 없는 것은 아닙니다. 제가 선행에 대해 긍정적인 이유도 필요한 아이들에게는 효과적인 학습이기 때문입니다. 영재고, 과학고와 같은 특목고를 준비해야 하는 경우는 최소 초등학교 때 중학교 과정을 끝내고, 중학교 때 고등 과정 일부를 살핍니다. 수학올림피아드(KMO)를 준비하는 아이들 역시 선행 학습을 기본으로 하고 경시를 준비하지요. 고등학교에서 이과 계열 상위권을 목표로 한다면 늦어도 중학교 때부터는 어느 정도의 선행을 준비해야 하기도 합니다.

선행이 수학 영재들만의 전유물이기만 한 것도 아닙니다. 다음 학기나 학년에서 배울 내용이 무엇인지 살펴보고 흐름을 잡고자 하는 경우, 연계되는 단원의 심화 학습을 뒷받침하기 위한 경우, 내 아이의 실력이나 관심의 정도 등 모두가 선행의 이유가 될 수 있습니다. 영재 아이들의 선행처럼 무리한 계획만 아니면 됩니다. 현행 유형과 심화를 진행하면서 한 학기 분량의 선행으로 시작해보면 아이의 실력과 속도가 붙는 것을 느낄 수 있습니다.

학년이 올라갈수록 선행 속도가 더 빨리지기는 어렵습니다. 고학년으로 갈수록 같은 문제집 한 권이라 하더라도 이해의 시간과 학습의 분량이 많아지기 때문입니다. 그래도 꾸준하게 수학 학습을 해 오거나 습관으로 자리잡으면 학습의 시기가 조금씩 당겨지는 것을 느낄 수 있습니다.

대신 이해 정도를 확인하는 과정은 반드시 필요합니다. 초등 개념서 최종 정답률 90%, 유형서 80%, 심화서 70% 이상이라면 오답 학습 후 다음 학기의 학습을 이어가도 좋습니다. 이 경우에도 선행한 내용은 주기적으로 체크할 수 있도록 합니다.

✓ 방학을 이용하여 계획해라

'수학을 못하는 이유는 수학 공부를 안 했기 때문입니다.'

수학은 학습의 절대량과 연결되는 과목입니다. 과연 우리 아이는 수학 학습에 얼마만큼의 시간을 투자할까요?

저학년이라면 몰라도 고학년이라면 평일 기준 매일 1시간 이상 꾸준히 실천해야 합니다. 방학에는 학습량을 1.5~2배 이상 늘릴 수 있습니다. 학기 중에 현행 또는 현행 심화 학습으로 제 진도를 단단히 나간다면, 방학 동안에는 필요에 따른 전 학기 복습이나 다음 학기 선행을 계획하고 실천합니다.

'선행은 무조건 나쁘거나 도움 되지 않는다'는 절대 아닙니다. 무리한 계획이나 아이의 실력을 고려하지 않은 학습이 문제가 될 뿐입니다. 구멍 없는 학습과 계획을 동반하여 꾸준히 학습하면 선행을 병행할 만큼의 시간과 실력이 보일 것입니다.

7) 초등 고학년 수학: 후행 학습(복습)을 할 것이냐 말 것이냐

예습과 복습 중 무엇이 더 효과적일까?

예전에는 학교에서 예습, 복습을 철저히 해야 한다고 배웠습니다. 학교에서 배우기 전에 집에서 예습을 통해 배울 내용을 미리 살펴보면 이해가 쉽다고 했습니다. 수업을 마치면 집에 가서는 배운 것을 다시 다지는 목적으로 복습을 권하였습니다.

그런데 지금은 예전에 강조되던 예습은 과도한 선행 학습으로 변질되고 복습은 선행까지 해야 하는 현행의 학습량에 치여 엄두도 못 내는 것이 되어 버린 듯합니다. 복습의 의미는 그렇게 사라진 지 오래된 듯합니다.

수학에서 예습과 복습 중 하나를 선택하여 학습해야 한다면 복습하는 경우가 훨씬 효과적입니다. 사실 이야기하지 않아도 복습의 중요성은 다들 알고 있을 겁니다. 하지만 복습의 과정과 시간을 너무 거창하게만 생각하다 보니 쉽게 선택하지 못하는 것 같습니다.

앞만 보고 달리기도 바쁜 세상 뒤를 돌아보는 것은 결코 쉬운 일이 아닙니다. 공부에서도 마찬가지일 것입니다. 잠깐만 뒤를 돌아보고 복습의 필요성을 되새겨 보는 건 어떨까요? 생각보다 오래 걸리지 않습니다.

효과적인 수학 복습 방법

단기적인 범위에서 복습을 생각해봅시다. 오늘 배운 내용을 가지고 문제를 풀어보는 것도 복습입니다. 굳이 현행학습과 복습을 구별할 필요는 없습니다. 문제 풀이를 통하여 배운 것을 제대로 이해하고 있는지 확인하고 수준이나 능력을 점검하는 것, 부족한 부분을 메꾸거나 오답을 관리하는 것도 모두 복습에 해당합니다. 시험 기간에 시험을 대비하여 다시 공부하는 것도 바로 복습입니다. 시간을 내어 처음부터 다시 봐야 하는 계획만이 복습의 전부는 아닙니다. 구멍이 생기지 않도록 이끌어가기만 해도 충분한 복습입니다. 그런 의미에서 아이는 이미 많은 부분에서 복습을 잘 꾸려나가고 있을지도 모릅니다.

그렇다면 장기적인 범위에서의 복습은 어떠할까요? 학기나 학년의 마무리, 초등에서 중등으로 넘어가는 시점에서는 분명 살펴볼 것이 있을 것입니다. 이때는 아이와 함께 체크해보시길 바랍니다. 연산이 부족하거나, 특정 단원을 유독 힘들어하거나, 혹은 전반적인 수학의 성취도가 떨어진다면 앞으로 나아갈 계획보다는 먼저 채우고 갈 계획을 하는 것이 필요합니다. 학기가 끝나면 방학을 이용하여 부족한 부분을 채워나가는 계획을 세워보도록 합니다.

특히 전반적인 이해가 부족한 상황이라면 복습은 선행이나 현행학습보다 더 큰 효과를 가져다줄 것입니다. 이때는 수준을 낮추어 이해를 돕도록 천천히 다지는 방법을 생각해봐야 합니다. 방학을 이용하여 학기나 학년 전반을 총정리하되 배웠던 내용의 기초 개념과 문제를 다시 살펴보는 것이 좋습니다. 어려운 것을 억지로 집어넣는다고 모든 걸 기억하지는 않으니까요.

물론 복습할 때 무조건 전 범위를 할 필요는 없습니다. 부족한 부분을 단기간 계획하에 메꾸는 방법도 좋습니다. 괜히 꼼꼼히 살펴야 한다고 무조건 '처음부터 다시'를 외치거나 계속 반복만 하면서 붙잡고 있다면 이것 또한 수학에 쉽게 지치는 원인이 됩니다.

이 글을 읽고도 복습이 시간 낭비가 아닐까 고민하는 부모님이 계신다면, 지금이 아니면 되돌아가기가 쉽지 않다고 말씀드리고 싶습니다. 먼 길을 갔다가 돌아가지 말고 나아가기 전에 잠깐 멈추어 뒤돌아보기만 하면 됩니다. 지금 중학생인데 기초가 많이 부족하다면 과감히 초등 과정을 다시 시작해도 됩니다. 초등학교 1학년이 구구단을 외우는 것보다 중학교 1학년이 구구단을 다시 하는 것이 훨씬 더 빠르지요. 수학의 학습량은 정해져 있습니다. 빨리 간다고 더 많이 하는 것이 아니니, 했던 것을 기억하길 바랍니다. 복습을 망설이지 마세요.

복습을 빙자한 심화 학습으로 장기 학습 계획을 세우자

또 하나 조언하자면, 복습을 다른 방향에서 생각해보면 어떨까 싶습니다. 앞서 아이가 학습하는 데 무리가 없고 효과가 있다면 선행이든 심화든 해서 나쁠 것은 없다고 했습니다. 그렇다면 복습을 이용해서도 같은 만족을 누릴 수 있는 방법이 있습니다. 바로 아래 학년의 심화를 공부하는 것입니다.

학습 수준에 따라서 심화 과정이 아니고 문제 풀이, 개념 학습이어도 상관은 없습니다. 현재 학년의 교과 과정을 무리 없이 따라가고 있다면 현재 학년의 심화 과정을 학습하면 됩니다. 하지만 현재 학년의 심화 학습이 조금 버겁다면 한 학년 아래의 심화 학습도 방법이 될 수 있습니다.

아마 현재 학년의 어려운 문제를 푸는 것보다 아래 학년의 어려운 문제를 푸는 것이 훨씬 수월하여 심화 학습이라고 해도 더 적은 시간이 걸릴 것입니다. 이러한 복습은 말만 복습일 뿐 현행을 뒷받침하는 장기 학습 계획이 될 수 있습니다. 1년 전 배운 것에 대한 심화 문제를 풀어봄으로써 어려운 문제에 대한 접근법을 생각해볼 수 있고, 사고력도 길러지게 됩니다. 수학은 이전에 배운 과정을 계속 응용해나가는 학문이니, 이런 과정이 있을수록 기반은 더욱 탄탄해질 것입니다.

■ 〈예시〉 현행과 아래 학년 심화 계획표

아래 학년을 공부한다고 해서 창피한 일이라고 생각하시나요? 그렇지 않습니다. 한 학기 선행을 하면서 현재 학기의 심화를 푸는 것이나, 현재 학기의 개념을 공부하면서 한 학기 아래 심화를 학습하는 것이나 수학 학습의 끝에서 살펴보면 결과적으로 두 과정을 모두 성실히 해낸 것이 됩니다. 지금 당장은 느리게 가는 것처럼 보이지만, 나중에 중고등 수학을 학습할 때가 되면 쌓아 놓은 학습은 단단한 기둥이 되어줄 것입니다. 느리더라도 제대로 가고 제때 도착하기만 하면 됩니다.

장기적인 복습이 꼭 필수는 아닙니다. 본인의 현재 수준에 맞는 적절한 시기와 양의 계획이 필요할 뿐이지요. 하지만 모든 이가 모든 것을 100% 이해할 수는 없기에 반드시 자신을 돌아볼 필요는 있습니다. 가장 좋은 방법은 복습하지 않아도 될 만큼 현행 공부에 집중하는 것이겠지요. 같은 시간을 공부하더라도 집중해서 학습하고 나면 굳이 한 번 더 학습하는 시간을 줄일 수 있을 테니까요. 현행학습을 최대한 성실하게 할 수 있게 해주세요. 이것이 어쩌면 선행도 후행도 필요 없게 만드는 비법이 될 수도 있지 않을까요?

8) 초등 고학년 수학: 초등 수학이라고 함부로 가르치지 마라

초등 수학쯤이야 껌일 텐데, 내 아이는 왜 모를까?

수학 상담을 하다 보면, 아이가 초등 저학년인 부모님들은 초등 수학만큼은 수학 학원에 보내지 않고 가르쳐보겠다고 다짐합니다. 중등 수학쯤 되면 부모가 지도하기 어려워지니 그때쯤 사교육을 하면 되겠다 생각하시지요. 보통은 초등 교과서나 문제집을 구입하여 함께 풀어가면서 엄마표 수학으로 학습을 시작합니다. 결과는 다들 좋을까요? 생각보다 얼마 가지 못하고 포기하는 부모님들이 많습니다. 특히 아이보다도 부모님이 더 힘들어합니다. 보통 아이가 3~4학년쯤 고비가 오는 것 같습니다.

"내 아이는 도저히 못 가르치겠어."
"이해를 너무 못하는 것 같아."
"공부를 안 하려고 해."

아마 첫 번째 고비는 아이들과의 학습 성향의 차이나 학습 과정에서 필요한 감정 조절의 어려움이 아닐까 합니다. 아이도 아직 어떻게 학습을 해나가야 하는지, 이 과정을 얼마나 반복해야 하는 것인지 모르는 상태이므로 맞춰나가기가 더욱 힘듭니다. 수학의 필요성을 이해하는 데는 더 오랜 시간이 걸리겠지요.

당연히 학습 성향이나 관계에서만 고비가 오는 것은 아닐 것입니다. 부모는 아이를 기다려줘야 합니다. 준비를 서두르면 안 됩니다. 또 능력을 인

정하고 아이에게 맞는 학습을 계획해줘야 합니다. 학습의 필요성과 지속성에 대한 설명도 필요하고요. 이러한 지도 과정에서 많은 고비가 오고, 결국 사교육의 힘을 빌리게 됩니다.

'초등 수학쯤이야'라고 생각하고 도전하시겠지만, 아는 것과 가르치는 것은 분명 다른 일입니다. 아는 것은 지식을 이해하고 있다는 뜻이지 꼭 그것을 정리하고 표현할 필요는 없는 일이니까요. 게다가 그것을 누군가에게 전달하여 이해시킬 의무도 없지요. 이는 분명 다른 능력입니다.

아이를 위해 부모도 공부가 필요하다

엄마표 학습의 대표적인 것 하면 '독서'와 '수학'이 아닐까 합니다. 독서는 한글을 익히고 읽기 독립이 끝나면 스스로 할 수 있게 됩니다. 하지만 수학은 연산과 기본 도형을 가르치는 것에서 끝나지 않습니다. 학년이 올라갈수록 점차 복잡한 개념과 많은 문제 해결을 요구합니다. 그러다 보니 '엄마표 학습'을 시작하고서 한계를 느낀다고 생각하는 것입니다.

고학년 수학을 천천히 살펴보면 사실 부모도 아는 내용입니다. 단지 저학년 수학에 비해 개념이 많아지다 보니 어떤 순서로 전달해야 할지 조금 막막할 뿐이어서 그렇습니다. 또 어떻게 설명해서 이해시켜야 할지, 앞으로 어떻게 쓰이게 될지 모르기도 합니다. 그래서 아이가 고학년이 될 때쯤이면 부모가 먼저 사교육을 고민하는 것입니다.

수학은 학년이 올라갈수록 혼자 하기 버거운 과목임은 맞습니다. 이때 '엄마표 학습'을 계획했다면 부모는 반드시 학습을 끌어주는 수학 선생님이 되어주셔야 합니다.

✓ 단원 전체의 개념을 살펴봐야 한다

혹시 문제집을 펼쳐서 대충 눈에 보이는 개념만 쓱 읽어보고 설명하지는 않으셨나요? 아이와 문제를 풀 때도 즉흥으로 풀이를 생각하여 우왕좌왕 설명하셨나요? 만약 아이를 수학 학원에 보냈다고 생각해봅시다. 수학 선생님이 그날 가르칠 내용을 미리 준비하지 않고 쓱 보고 대충 설명한다면 어떨까요? 문제를 풀어본 적이 없어 즉흥으로 풀이를 두서없이 설명한다면요? 아마 그 사실을 알게 된 날 당장 그만두겠지요. 부모가 가르치겠다고 계획했다면 이제 부모도 공부를 시작해야 합니다. 부모가 선생님께 원하는 것이 무엇인지 생각해본다면 지도 계획이 조금은 쉬워질 것입니다.

부모도 개념을 공부해서 가르쳐야 합니다. 한 학년이나 한 학기를 미리 공부하고 가르칠 수 있다면 좋습니다. 하지만 바쁜 부모님들께 쉬운 일은 아닐 겁니다. 그렇다면 최소한 가르칠 내용의 단원 전체의 개념은 미리 살펴보길 바랍니다. 학년이 올라갈수록 개념이 많아지지만 단원 전체를 미리 살펴보는 것만으로도 가르치는 범위, 순서, 방법 등이 정해집니다. 가르치는 입장이라면 각 개념이 하나의 흐름으로 연결되는 것을 생각하고 가르쳐야 하기 때문입니다.

✓ 아이가 풀 기초문제집은 함께 풀어야 한다

부모는 아이가 풀 기초문제집을 함께 풀어야 합니다. 시간적 여유가 없거나 다른 이유로 인해 아이에게 맡기는 부모님들이 종종 있습니다.

"개념 설명해줬으니 문제는 알아서 풀어."

대부분 개념서에 적힌 간략한 개념을 읽어주거나 설명한 후 문제를 풀게 합니다. 그러다 보면 중요한 원리나 과정을 빠트리는 경우가 종종 있습니다.

5학년 분수의 곱셈을 예로 들어보겠습니다. 아마 개념서를 보기도 전에 부모님은 '1) 분모는 분모끼리, 분자는 분자끼리 곱하고, 2) 분모와 분자가 약분되면 약분해'라고 설명할 준비부터 하실 듯합니다. 실제 문제집에 그렇게 간략하게 설명되어 있기도 하고요. $\frac{1}{4} \times 2$와 같은 분수와 자연수의 곱도, $\frac{4}{5} \times \frac{1}{2}$과 같은 분수와 분수의 곱도 설명 방법이 같습니다. 왜 그래야 하는지, 어떤 과정을 통하여 답이 나오는지 적혀 있지 않다면 당연히 그러실 수 있지요.

하지만 수학은 약속된 정의가 아니라면 원리가 없는 개념은 없습니다. 다음 분수의 곱셈에서와 같이 어떤 개념은 그 원리나 과정을 문제에서 다루기도 합니다. 당연히 주어진 식의 약분이 먼저가 아니라, $\frac{1}{4}$이 2번 더해지는 것이 먼저가 되어야 하고, $\frac{4}{5}$가 둘로 나눠지는 것이 먼저가 되어야 합니다. 이렇게 개념 설명에서는 다루지 않았지만, 문제에서 그림을 통해 과정을 묻거나, 빈칸 채우기로 증명을 유도하는 경우가 있습니다. 개념 설명 전에 반드시 먼저 살펴야 하는 내용입니다.

미리 문제집을 살펴보았다면 놓치지 않아야 하는 부분임을 알 수 있을 것입니다.

5학년) 분수의 곱셈

개념1 (진분수) × (자연수)

진분수의 분자에 자연수를 곱한다.

방법1 $\dfrac{1}{4} \times 2 = \dfrac{1 \times \cancel{2}^1}{\cancel{4}_2} = \dfrac{1}{2}$

방법2 $\dfrac{1}{\cancel{4}_2} \times \cancel{2}^1 = \dfrac{1}{2}$

확인문제1 $\dfrac{1}{4} \times 2$ 를 계산하는 방법을 알아보려고 한다. 물음에 답하여라.

(1) 다음 그림에 $\dfrac{1}{4}$ 만큼 2번 이어서 색칠하시오.

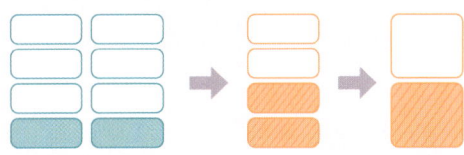

(2) $\dfrac{1}{4}$ 씩 2번 더하여 계산하시오.

풀이 및 정답 $\dfrac{1}{4} \times 2 = \dfrac{1}{4} + \dfrac{1}{4} = \dfrac{2}{4} = \dfrac{1}{2}$

개념2 (진분수) × (진분수)

분모는 분모끼리, 분자는 분자끼리 곱한다.

방법1 $\dfrac{4}{5} \times \dfrac{1}{2} = \dfrac{4 \times 1}{5 \times 2} = \dfrac{\cancel{4}^2}{\cancel{10}_5} = \dfrac{2}{5}$

방법2 $\dfrac{\cancel{4}^2}{5} \times \dfrac{1}{\cancel{2}_1} = \dfrac{2}{5}$

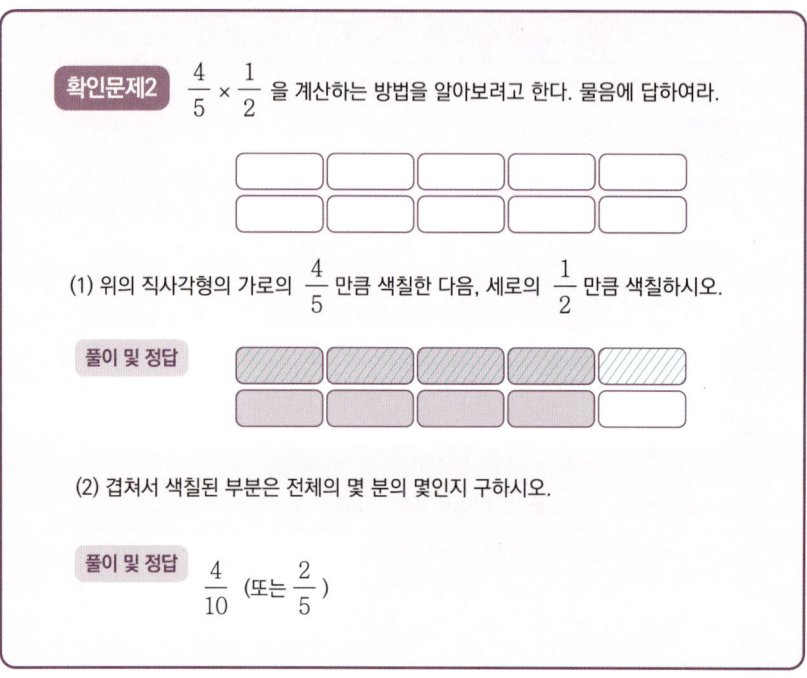

이제 미리 기초 문제들을 살펴봐야 하는 이유가 확실해졌습니다. 여유가 되거나, 엄마표 학습을 준비 중이라면 미리 기초 개념서로 그 개념이 어떠한 유형의 문제가 되고 어떠한 쓰임이 있는지까지 알아두시길 바랍니다. 그래야 수학의 기본을 단단하게 가르칠 수 있습니다.

✓ 초, 중, 고등 수학의 흐름을 알아야 한다

마지막으로 흐름에 관한 공부가 필요합니다. 초, 중, 고등 과정에서 무엇을 배우는지 정도는 알고 있어야 합니다. 지금 배우고 있는 내용이 예전에 배운 내용에서 어떻게 확장되었는지, 앞으로 배울 내용과는 어떤 관계가 있는지 알아두셔야 합니다. 이는 당장 가르치는 것에도 도움이 되지만 문제집,

학원 등을 선택하거나 학습의 방법을 선택하는 데에도 큰 도움이 될 것입니다. 한 학기의 대단원명을 시작으로 중단원과 소단원을 확인하고 각 단원에서 다루는 상세 개념을 살펴두시길 바랍니다. 혹은 각 교육과정의 학년별, 단원별 연계 흐름을 알 수 있는 수학계통도를 참고하셔도 도움이 됩니다.

아무리 간단해도 설명 전에 정리부터 하자

아이가 저학년일 때에는 모르는 것을 물어보아도 부모는 쉬운 내용이라고 생각하고 편하게 답합니다. 하지만 가끔은 부모도 여러 지식 속에서 헷갈리는 부분이 생기기도 하고 잘못 이해하거나 잘못된 설명을 하게 되는 경우도 있습니다. 설명하고 나서 정작 중요한 내용은 빠트렸던 경험도 있을 것입니다. 저 역시 최근에 비슷한 경험을 해서 호되게 반성했던 적이 있습니다.

딸아이는 방학을 이용하여 2학년 2학기 수학 과정을 공부하고 있었습니다. 아직은 쉬운 개념들이라 혼자 주어진 개념을 읽고 문제를 풀곤 하였지요. 그러던 중 달력 알아보기에 관한 틀린 문제를 제게 물어보더군요. 문제의 내용은 대략 이러하였습니다.

Q. 다음 달력에서 둘째 일요일은 몇 월 며칠인지 구하여라.

11월

일	월	화	수	목	금	토
					1	2
3	4	5	6	7	8	9
10	11	12	13	14	15	16
17	18	19	20	21	22	23
24	25	26	27	28	29	30

아이는 11월 3일이라 답을 하여 틀렸고 틀린 이유를 모르겠다고 물었던 것이었습니다. 이건 마트 쉬는 날이 둘째 주, 넷째 주 일요일이라 수학을 가르치는 선생이 아니어도 금방 알 수 있는 것이었습니다. 저는 아이의 생각은 물어보지도 않고 답을 했습니다.

"둘째 주 일요일은 11월 10일이지."
"어? 아닌데 책에서 둘째 줄에 둘째 주라고 쓰여 있어."

저는 아이가 내민 개념 설명을 보고 아이가 왜 헷갈릴 수밖에 없었는지 알게 되었습니다. 아이는 둘째 주로 표기된 줄에서 일요일은 6일이었으므로 11월 달력에서도 둘째 주 일요일은 3일이라 생각했던 것이지요.

■ 어느 문제집의 2학년 2학기 달력 알아보기 개념 설명 부분

그때부터 저는 아이에게 달력에 대한 설명을 시작하였습니다. 먼저 한 주의 시작이 일요일부터 토요일인지, 월요일부터 일요일인지를 이야기했습니다. 실제 달력을 살펴보면서 첫 주는 1~3일인지 1~7일인지도 설명하고, 첫 번째 주와 일주일의 차이도 설명하였습니다. 저 역시 헷갈리는 설명을 필요 없는 내용까지 덧붙이며 이야기한 듯합니다.

그리고 설명이 끝날 때쯤, 혹시나 하는 마음에 아이와 함께 네이버에 '달력 첫째 주'를 검색해 보았습니다. 그런데 더 당황하였던 것은 '국제표준화기구 표기에 따르면 1일의 시작이 금, 토, 일이면 그 주의 다음 주가 첫째 주'가 된다는 블로그의 내용을 보게 된 것입니다(하필 문제집의 문제가 11월의 1일이 금요일 시작이었습니다).

> 국제표준화기구와 국제표준에 따르면 특정 월의 날짜가 그 주간의 과반수를 차지하고 있는가에 따라 첫째 주를 구분합니다.
>
> 1. 달의 1일이 월~목 중 하나면, 그 주가 첫째 주
> 2. 달의 1일이 금, 토, 일 중 하나면, 그 주의 다음 주가 첫째 주

그때부터 저는 딸아이를 옆에 두고 검색을 반복하고 해설지를 찾아보며 우왕좌왕하기 시작하였습니다. 결국 한참이 지나서야 문제를 천천히 살펴보니 '둘째' 일요일이라는 해석을 '둘째 주'가 아닌 '두 번째' 일요일로 해석해야 한다는 것을 생각하게 되어, 정정하여 아이에게 설명해야만 했습니다.

'그렇지. 2학년인데 이렇게 어려운 걸 물어볼 일이 없지.'

하지만 이미 2학년 아이는 모르는 한 문제를 해결하기 위해 한 주의 시작부터 첫째 주의 논란까지 겪게 된 셈입니다. 결국엔 무엇이 중요한 건지 모르는 듯 서둘러 자리를 피하려고만 했습니다.

물론 교재의 개념 설명이 자세하지 않았으며 하필 문제에서 주어진 달력의 1일이 금요일이라는 우연이 겹친 점, 둘째와 둘째 주의 표현이 충분히 헷갈릴 수 있는 점이 문제이긴 했습니다. 하지만 질문에 정확한 답을 주지 못하여 헷갈리게 한 저 역시 아이가 자리에서 일어나게 만든 원인 중 하나입니다. 수학을 가르치는 저도 이러한 경험이 있는데, 부모님들은 더욱 많이 경험해보셨을 것입니다.

수학을 잘 가르치기 위해서는 먼저 아이가 모르는 것과 헷갈리는 이유를 살피는 것으로 시작해야 합니다. 또한 아이가 공부하는 내용의 수준이나 범위를 미리 파악하고 있어야 불필요한 설명을 줄일 수 있습니다. 무엇보다 설명하기 전, 설명을 한 번쯤 정리하여 순서와 핵심을 생각해야 합니다. 그래야 부가 설명이 하나씩 올라가지 않고 명확하게 전달할 수 있습니다.

한 번 설명을 잘못하거나 중요한 것을 놓치게 되면 결국 나중에 번복하여 설명하게 됩니다. 아이는 처음에는 집중해서 설명을 들을 것입니다. 하지만 설명이 길어지거나 번복하여 설명하게 되면 다시 받아들이기가 어려워집니다. 쉬운 것이라도 내용을 확인한 후 설명의 순서나 내용을 머릿속으로 한 번 정리하여 이야기하는 것이 실수를 줄이는 방법이 되겠지요.

이렇게 부모도 배워나가는 것이겠지요? 초등 수학 정도쯤이야 라는 생각으로 함부로 가르치려고 하면 큰코 다칠지도 모릅니다.

수학이
쉬운 아이로 키우는
부모의 힘

❶ 상위권으로 가는 개념 → 유형 → 심화 3단계 학습법

❷ 중등 수학부터는 내신 관리가 필요하다

❸ 대수를 잘하는 아이, 도형을 잘하는 아이

❹ 중1, 고1 선행은 일반적인 선행과는 다르다

3장 부모가 만나는 중등 수학

부모가 만나는 중등 수학

1) 상위권으로 가는 개념 → 유형 → 심화 3단계 학습법

효과적인 학습 방법에 대한 고민이 필요한 때

초등학교 때는 꾸준한 연산 학습과 개념 학습만으로도 따라가는 데 무리가 없었습니다. 단원 평가를 보면 반 전체적인 성취도도 높은 편이지요. 하지만 중학교에 올라가면 개념과 문제의 양, 따라가는 학습량이 늘어나면서 아이는 본격적으로 실력을 비교당할 것입니다. 상대평가 형식의 평가에서는 학습의 난이도나 학습량에 따른 격차를 실감할 수밖에 없습니다. 꾸준히 단계에 맞는 학습을 준비한 친구들이 유리하게 적용됩니다.

중학교에 들어갔다면 무엇보다 학습량을 절대적으로 늘려야 합니다. 초등학생 때의 학습량으로는 부족합니다. 또한 성실함만으로 승부하기보다는 체계적인 학습 계획과 실천을 준비하시길 바랍니다. 누구나 같은 단계의 학습을 할 필요는 없으며 당연히 같은 결과가 나오는 것도 아닙니다. 효과적인 학습 방법에 대해 생각해보고 필요한 단계의 학습을 선택하도록 합니다.

'기초가 부족하다, 개념이 약하다'의 의미: 개념 학습 방법

대한민국에서 수학을 배우는 학생이라면 누구나 학교 수업을 통해 수학 개념을 듣습니다. 물론 학원이나 과외를 통해 추가 개념 학습을 진행하는 경우도 있고, 자기주도학습을 통해서 개념을 단단히 다지기도 합니다. 그만큼 수학에서 개념이 가장 중요한 학습 단계임은 분명합니다.

그런데 수학을 못하면 항상 '기초가 부족하다', '개념이 약하다'는 이야기를 합니다. 똑같이 배우는 개념인데 똑같은 학습 결과가 나오지 않아 그럴 것입니다. 개념 학습에 많은 시간을 할애하는 데 비하여 개념이 부족한 이유는 무엇일까요? 핵심은 두 가지입니다.

1) 개념의 흐름을 잡지 못한다

초등 과정이 수학에 필요한 기초 개념을 잡아가는 시기였다면, 중등 과정은 초중고 연계에 징검다리 역할을 하는 시기입니다. 그러다 보니 각각의 개념을 알고 가는 것에만 집중해서는 안 됩니다. 연결되는 개념의 흐름을 알아야 합니다. 또, 중등 수학은 1, 2학기 영역별로 나뉘어 단원 간에 연결된 흐름을 가지고 있습니다. 단원 간의 연결과 개념의 쓰임을 알아가는 것도 아주 중요합니다.

잠깐 이항을 통해 생각해보겠습니다. '이항'이라고 하면 단순하게 계산을 빨리하도록 항을 이동시키는 방법이라고만 생각합니다. 하지만 이항은 바로 전 과정인 등식의 성질에서 비롯된 것이며, 좀 더 거슬러 올라가면 초등 과정의 덧셈식과 뺄셈식에서 수들의 관계를 파악하는 데서 시작되어야 합니다. 이항의 원리가 되는 등식의 성질은 연립방정식의 가감법의 원리이기도 합니다. 하지만 이 개념들이 하나의 흐름 속에 있다는 것을 모르는 경우가 많다는 점이 안타까울 뿐입니다.

[초등 개념] 덧셈식에서 수의 관계

□ + 3 = 5에서 □는 5 − 3을 통하여 구할 수 있다.

↓

[중등 개념①] 등식의 성질: 양변에 같은 수를 빼도 등식은 성립

$x + 3 = 5$ 에서 $x + 3 - 3 = 5 - 3$ 이 성립하므로 $x = 2$

↓

[중등 개념②] 이항: 항의 부호를 바꾸어 다른 변으로 옮기는 것

$x + 3 = 5$ 에서 좌변의 $+3$ 을 항의 부호를 바꾸어 우변으로 옮기면 $x = 5 - 3 = 2$

↓

[중등 개념③] 연립방정식의 가감법: 변끼리 더하거나 빼서 미지수를 소거

식의 양변에 같은 식을 더하여도 식은 성립,
$\begin{cases} x + y = 5 \\ x - y = 1 \end{cases}$ 에서 두 식을 변끼리 더하면
$2x = 6$ 이고,
$x = 3, \; y = 2$

➡ 이때, 두 식을 변끼리 더한다는 것은 '등식에 양변에 같은 수를 더하여도 등식은 성립한다'는 것을 의미한다.

$A = A \quad \cdots \text{㉠}$
$+) \; B = B \quad \cdots \text{㉡}$
$\overline{A + B = A + B}$

배운 개념의 흐름을 모른다는 것은 배우는 이유를 모른다는 것, 또 배운 것이 어떻게 쓰이는지를 모른다는 것을 의미하기도 합니다. 만약 흐름을 놓치게 되면 놓치고 가는 개념이 생겨도 알지 못합니다. 더 멀리 가기 전에, 흐름을 잡는 학습을 준비해보길 바랍니다. 뒤에서 소개할 계통 수학 학습법이 도움이 될 것입니다.

2) 개념을 설명할 수 없다

개념을 들어서 이해한 것과 아는 개념을 설명할 수 있는 것은 다릅니다. 가끔 영어의 리스닝은 되는데 스피킹이 전혀 안 된다는 분들이 계시지요. 들으면 이해할 수는 있으나 영어로는 의견을 정리하거나 어떤 표현도 할 수 없는 경우입니다. 수학도 마찬가지로, 수동적인 이해는 직접적인 활용과 응용을 방해할 수 있습니다. 개념을 이해했다면 이것을 설명할 수 있어야 합니다. 이것은 개념을 통해 문제를 풀어나가는 해결 능력과 연결되기도 합니다.

개념이 단단한 아이들은 머릿속에 개념의 맵이 잘 그려져 있습니다. 영역 구분이 정확하고 각각의 위치에 잘 배치되어 있습니다. 수학의 맵은 단원의 핵심이 잘 정리되어 필요한 구역에 배치되어 있어야 합니다. 개념이 마치 한 장의 맵처럼 그려져야 필요에 따른 개념을 찾을 수 있습니다.

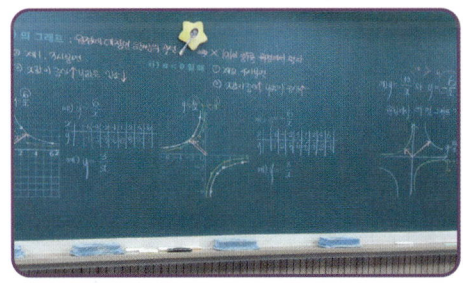

■ 중학교 1-1 반비례 강의 판서 中
– 개념이 한 장의 맵으로 그려져야 한다

상위권으로 가는 개념 학습 – '개념노트' 만들기

예습으로 스스로 공부하지 않는 이상 수학 개념은 수업을 통해 접하게 됩니다. 보통은 '개념 설명'을 듣고 '확인 문제'를 통하여 핵심 개념을 확인합니다. 그리고 '유제(유사 문제)'나 '대표 유형 문제'를 통하여 개념을 확장해나갑니다. 보통 여기까지를 개념 학습이라고 합니다.

하지만 이러한 개념 학습의 주도권은 모두 가르치는 선생님께 있습니다. 개념을 정리하여 주입하는 것도, 문제에 적용하는 능력을 가르쳐주는 것도 모두 선생님의 것이지요. 남이 해준 것은 기억도, 이해도 어렵습니다. 이는 아이들이 문제에 개념을 적용하는 것이 힘든 이유이기도 합니다. 개념 학습의 주도권을 아이가 가져와야 합니다. 수업을 들었으면 스스로 개념을 정리해보는 시간이 필요하고, 문제를 통해 핵심을 확인하는 과정도 필요합니다. 그래야 어떠한 문제든 개념을 적용하여 풀이까지 이어갈 수 있는 것입니다.

듣고 주워 담은 개념은 넣기만 하고 정리가 안 된 서랍장과 같습니다. 열어보기 전에는 도통 무엇이 들었는지 알 수 없고, 막상 필요한 것을 찾으려 하면 어디 있는지 찾을 수가 없습니다. 남이 정리해주어도 마찬가지입니다. 그렇다면 스스로 정리할 시간이 필요하겠지요? 종류에 따라, 필요에 따라 구별과 정리를 시작하는 방법을 알려드리겠습니다.

노트 한 권이나 A4용지를 준비합니다(스케치북도 추천합니다). 이것은 앞으로 '개념 노트'가 될 것입니다. 이제 소단원 정도의 개념을 노트에 설명하듯 써내려 갑니다. 선생님처럼 칠판 가득 개념을 적으며 설명해볼 수 있으면 가장 좋습니다. 하지만 들어주는 이가 없으니 꼭 소리를 내지 않아도 상관없습니다. 배운 것에 비하여 기억하는 것이 없어도 빈 곳으로 남겨둡니다. 나중에 부족한 개념은 학습해 채워나가면 되니까요.

가끔 단원명만 끄적이다가 끝나는 경우도 있는데, 이것 역시 훌륭한 개념 학습의 시작입니다. 단원명을 순서에 맞게 적을 수 있다는 것은 단원의 순서와 흐름을 알고 있다는 것이니까요. 이는 이미 개념 백지 테스트라고 하여 백지에 한 단원 분량의 개념을 적어보는 테스트로 활용되고 있기도 합니다.

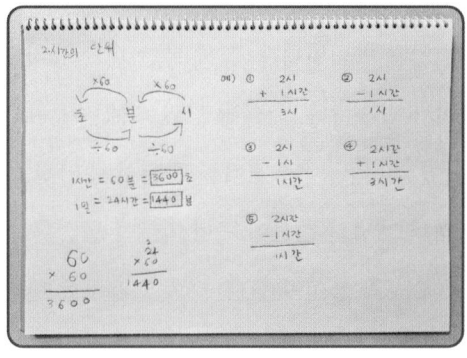

초등 개념노트

처음 시작할 때는 핵심 개념을 알고 정리하는 것이 쉽지 않습니다. 필요한 개념을 □칸으로 두거나, 기억해야 할 예제를 추가하여 개념 노트 만들기를 도와줄 수 있습니다.

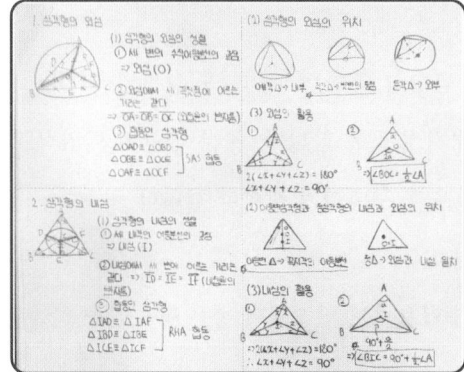

중등 개념노트

중등 수학은 개념의 양이 많아지는 시기입니다. 개념 정리, 개념의 비교, 개념의 흐름 등을 반드시 정리해야 합니다.

시중에 판매하는 완벽한 개념서보다 설명과 순서는 어설플 수밖에 없습니다. 하지만 아무리 완벽하더라도 내 것이 아니면 아무 소용이 없습니다. 듣기만 했던 개념 학습과 표현을 해본 개념 학습의 차이는 분명 큽니다. 그러니 아이에게 부담을 주지 말고, 자신이 배운 개념을 정리해보는 시간을 가지도록 해주세요. 추가적으로 참고할 사항은 다음과 같습니다.

1) 미숙한 표현으로 용어나 개념을 설명해도 괜찮습니다. 아이가 이해한 것과 수학책에서 약속된 뜻이나 개념을 비교하는 경험도 필요합니다.

2) 요점과 핵심 공식을 지나치게 강조하지 마세요. 아는 것을 표현하는 과정에서 생각이 간추려집니다.

3) 그래프나 도형을 그려볼 수 있는 기회입니다. 문제 푸는 데 집중하다 보면 그래프나 도형을 그려볼 기회가 없습니다. 하지만 그림 속에는 문제의 조건과 답, 출제자의 의도가 숨어있습니다. 개념 정리를 하면서 주어진 그래프나 도형 등을 직접 그려보게 하면 개념과 더불어 도형 이해가 쉽습니다.

4) 정리한 개념에 대한 기초 문제는 꼭 풀어야 합니다. 기초 문제는 단순히 쉬운 문제가 아니라 개념이 어떻게 적용되며 핵심 개념이 무엇인지를 알 수 있는 소중한 문제입니다.

5) 개념 노트, 오답노트, 계산 연습장 모두 한 권이어도 상관없습니다. 정성을 다해 꾸미는 데 시간을 보내지 않도록 합니다. 물론 습관이 되면 시키지 않아도 저절로 필요에 따라 노트를 구별하기 시작할 겁니다.

좋은 개념 학습 습관은 고등 수학으로도 연결되어 좋은 학습법을 만들어주고 주도적인 수학 학습을 이끌어가게 도와줄 것입니다.

상위권으로 가는 유형 학습 - 70% 덜어내기

　수학에서는 개념을 기반으로 문제를 해결할 수 있는 능력을 요구합니다. 우리는 이런 문제를 풀며 연습하는 과정을 '문제 풀이' 또는 '유형 학습'이라고 합니다. 유형 학습은 많은 문제를 풀어보는 기회로 삼기 때문에 보통 유형서를 선택하여 학습합니다. 한 권의 유형 문제집에서는 한 학기에 대략 200개의 유형과 2,000개의 문제 정도를 다룹니다(유형 문제집 표지를 보면 유형과 문제의 개수가 쓰여 있으므로 각 문제집이 다루는 양을 확인해 볼 수 있습니다).

　사실 유형서의 구성만 살펴보아도 유형 학습의 방법을 알 수 있습니다. 시작은 요점 정리된 개념입니다. 개념이 부족하거나 핵심 정리가 잘 되어 있지 않은 경우, 먼저 흐름을 잡고 간략히 정리합니다.

　개념 정리에 이어서는 문제 풀이 단계로 넘어갑니다. 문제 풀이 1단계는 기초 연산으로, 해당 단원의 기초가 잡혀 있는지 확인하는 교과연산이 나옵니다. 문제 풀이 2단계로 넘어가면 본격적인 유형별 문제 풀이가 시작됩니다. 한 단원에서 여러 유형이 나와 유형별로 필요한 개념을 제시해줍니다. 그리고 각 유형의 대표 문제와 반복할 수 있는 몇 개의 문제들이 나옵니다. 이 부분은 유형별로 접근하는 방법을 직접 제시하여 문제 해결을 도와주는 역할을 합니다. 또 같은 문제를 여러 번 반복하여 익숙해질 수 있도록 하지요.

　마지막 문제풀이 3단계에서는 난이도를 높이고 개념과 유형 제시가 없는 문제들을 다룹니다. 앞서 학습한 2단계 유형별 문제의 확장형 문제나 심화의 낮은 단계의 문제들로, 유형과 심화 학습을 연결해주는 역할을 해주기도 합니다.

물론 순서대로 모든 단계에 맞게 학습할 필요는 없습니다. 똑같은 방법으로 풀 필요도, 학습할 필요도 없지요. 예를 들어 문제 푸는 스킬이 부족하다면 어느 단계가 부족한지 진단하고 맞춤 학습을 이어가는 것이 더 중요합니다.

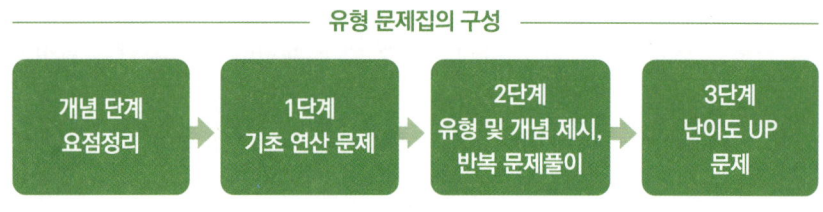

특히 개념이 탄탄하고 수학을 잘한다면 학습법이나 단계 조절을 권해봅니다. 제시된 개념은 보지 않고 대표 문제를 풀어보면서 스스로 필요한 개념을 찾아도 좋습니다. 또, 단계를 역으로 생각하여 유형 구분이 되지 않은 문제들을 먼저 풀고 거꾸로 유형을 묶어가는 방법도 훌륭한 학습이 될 수 있습니다. 유형서의 2, 3단계의 문제만 풀거나, 3단계 문제만 풀고 심화로 넘어가도 좋습니다.

스스로 필요한 개념을 찾고 유형을 만들어가는 힘이 충분한 아이들에게 문제 해결은 '방법의 주입'이 아닌 '수학의 사고력'과 연결될 수 있습니다. 따라서 필요에 따라서는 다른 순서나 필요한 부분만 선택하는 유형 학습을 채택해도 좋습니다.

그러면 유형 학습에서 순서보다도 중요한, 최우선으로 신경 써야 할 것은 무엇일까요?

가끔 최대한 많은 문제를 풀어보는 것이 좋다고 생각하여 여러 권의 유형서를 선택하여 풀게 하는 부모님을 종종 보았습니다. 최대한 많은 문제를 풀어보거나 어려운 문제를 접해보는 것보다 더 중요한 것이 있습니다. 바로 접해본 유형과 풀어본 문제 중에서 아는 것을 덜어내고 남은 모르는 것을 관리하는 것, 일종의 '오답 관리'입니다.

유형 학습은 아는 것을 덜어내는 것으로 시작하길 바랍니다. 보통 유형서를 선택할 때는 70~80% 정도의 정답률을 잡고 난이도를 결정하여 선택합니다. 이후, 문제를 풀어 아는 것 70%는 덜어냅니다.

단순히 여러 문제집을 푸는 데만 집중한다면 아는 것 70%를 계속해서 반복하여 푸는 데 시간을 허비하게 되는 것입니다. 물론 반복이 나쁜 것은 아닙니다. 하지만 학년이 올라갈수록 효율적인 학습법과 시간 관리도 필요합니다. 이미 개념 학습과 유형 학습에서 확실하게 알고 있는 70%를 또 반복할 필요는 없습니다. 30%의 오답을 줄여나가는 데 힘을 써야 합니다. 모르는 것을 없게 하는 것이 제대로 된 유형 학습의 마무리입니다.

상위권으로 가는 심화 학습 - 심화의 문턱 낮추기

언제까지나 푸는 방법과 공식을 알고 빨리 답을 찾는 쉬운 수학만 할 수는 없습니다. 개념에 대한 이해가 충분하고, 유형 해결 방법에 익숙해졌다면, 상위권 도약을 위한 심화 학습으로 연결해보도록 합니다. 심화 학습은 문제 푸는 방법을 배우고 익히는 과정이 아닙니다. 스스로 문제를 분석하고 개념과 조건을 수집하여 풀이를 만들어가는 연습을 하는 과정입니다. 유형 학습 뒤의 심화부터는 복잡한 문제를 해석해보며, 풀이를 고민하고 만들어 가는 충분한 시간이 필요합니다.

심화 학습이라고 하면 어려운 유명 교재를 푸는 것부터 생각이 납니다. 중등 심화 문제집을 예로 들면 '최상위수학', '에이급수학', '블랙라벨' 등이 먼저 떠오르지요. 풀 실력이 된다면 상관없지만, 이 교재들의 수준을 못 따라가면 해설지의 풀이를 그대로 따라가기 바쁩니다. 아니면 아예 시작조차 안 하는 선택을 하기도 합니다. 이때는 심화 학습의 문턱을 조금 낮추어 생각해보아도 좋습니다.

'최상위 라이트 수학', '에이급 원리해설', '일품' 등과 같은 문제집들은 유형서에서 다루었던 문제들을 조금 더 까다롭게 변형하여 다룹니다. 그러다 보니 익숙한 문제라고 생각되지만 답이 쉽게 나오지 않는 경우도 많습니다. 풀이 접근의 시작은 같으나 한 단계의 풀이를 더하거나, 문제를 해결하기 위한 추가 조건을 찾아야 합니다.

LEVEL 1	LEVEL 2	LEVEL 3
에이급 원리해설(에이급), 최상위수학 라이트 (디딤돌) 등	일품(신사고), 최고득점(천재) 등	에이급수학(에이급), 최상위수학(디딤돌), 블랙라벨(진학사) 등

■ 중등 수학 심화 교재 난이도 예시

어려운 문제는 길고 복잡하다고 생각하지만 진짜 어려운 문제는 문제가 짧고 조건이 최소인 경우가 많습니다. 문제가 길면 해석이 어려울 뿐, 이해하기만 하면 문제 안에서 모든 조건을 찾을 수 있습니다. 이러한 문제는 스스로 필요한 개념과 원리를 찾고, 보이지 않는 조건을 만들어가야 합니다. 처음에는 답이 나오지 않아 답답함이 앞설 수 있으나 학습의 기회, 사고의 시간은 심화 학습에 아주 중요한 역할을 합니다.

다음은 심화 학습을 준비할 때, 꼭 고려해야 할 사항입니다.

1) 양보다는 질

양보다는 질입니다. 심화 학습을 할 때는 '몇 페이지 풀기'와 같이 학습할 양을 계획하기보다 '한 시간 동안 풀기'와 같이 학습할 시간을 정하도록 지도합니다. 대부분 학습할 양을 정하고 나면 다 풀어야 한다는 압박 때문에 문제를 두고 고민하는 시간이 적어질 수밖에 없습니다. 학원에서 숙제 검토를 하면 별 표시만 가득하게 해서 오는 아이들이 있는데, 이런 경우 많은 양의 심화 문제를 숙제로 만났을 때 한 번 읽어보고 모르면 별 표시 후 넘어가서입니다. 어려운 문제일수록 답을 찾는 것보다 어려운 문제를 이해하고 해석했다는 것, 풀이의 과정을 만들어간다는 것이 더욱 중요합니다. 그러려면 충분히 고민하고 생각하는 시간이 필요합니다.

2) 풀이노트

풀이노트를 만들어 모든 문제의 풀이를 정리하듯 풀어야 합니다. 기초 문제의 풀이는 단순합니다. 하지만 어려운 문제일수록 많은 개념과 유형이 혼합되거나 연계되어 있습니다. 이럴 때 풀이노트에 풀이를 써보면 문제 해결에 필요한 개념과 유형이 담깁니다. 풀이 방향과 순서의 정리도 쉽습니다. 그래서 저는 심화서에 따른 풀이노트를 두고 반드시 풀이를 정리하여 써보라 합니다.

이 습관의 최대 장점은 서술형을 대비할 수 있다는 것입니다. 서술형 문제는 난이도와 풀이가 까다로운 편입니다. 서술형 강좌나 교재에서는 단계와 순서에 맞는 풀이를 주입해줄 수밖에 없습니다. 그러다 보면 학습자의 풀이는 점점 길고 꼼꼼해지기만 하지요. 하지만 사실 서술형은 풀이의 핵심, 방법과 순서를 간략하게 설명해주기만 하면 충분합니다. 문제의 풀이 쓰기 연습은 '풀이의 핵심'을 만드는 데 큰 기반이 되어줄 것입니다.

3) 심화 개념 학습

심화 개념도 존재합니다. 극심화 문제를 푸는 경우라면 심화 개념 학습도 필요합니다. 그래서 보통 연결되는 학기나 학년의 선행 학습을 병행하기도 합니다. 그렇다고 선행의 개념들이 현행의 모든 고난도 문제 풀이에 영향을 준다고 생각할 필요는 없습니다. 단지 현행 개념으로는 복잡하게 접근할 수 있는 것을 선행 내용을 통해 쉽게 해결하는 경우도 있다는 것을 아시길 바랍니다. 쉬운 방법을 알아두는 것도 필요하지만, 원리나 과정에 충실한 1차 학습이 먼저 이루어진 후 선행 개념을 배우도록 하는 것이 사고 확장에 더 도움이 됩니다. 현 학년의 개념으로 풀이를 만들어보는 것을 절대 무시하지 마세요.

<u>4) 실제 학교 기출문제 풀이</u>

사실 여러 심화서를 살펴보면 어려운 문제 역시 결국 반복됩니다. 정형화된 심화 유형에서 벗어나고 싶다면 시험이 다소 어렵게 출제되는 학교들의 기출문제를 추천합니다. 시중 문제집에 있는 문제 외에, 변형되거나 새로운 유형으로 출제된 참신한 문제가 많습니다. 최근 문제뿐만 아니라 몇 년치 기출문제를 살펴보면 실전 연습에도 도움이 되고, 더불어 다양한 난이도의 문제를 접해볼 수 있습니다. 검색을 통해 여러 사이트에서 유료/무료로 구할 수 있으니 지역별 출제 난이도가 높은 학교나 강남권의 학교들의 기출문제를 이용해보시길 바랍니다.

수학 실력은 결코 눈앞의 결과가 끝이 아닙니다. 단계가 계속 높아지는 만큼 그 무게를 견딜 힘과 실력을 만들어가는 것이 필요합니다. 당장은 아이가 많은 양을 풀기 힘들 것이며, 어려운 문제를 푸는 게 벅찰 수도 있습니다. 빠르게 갈 생각을 하기보다 천천히 가더라도 제대로 갈 방법을 생각해보길 바랍니다.

2] 중등 수학부터는 내신 관리가 필요하다

자유학기제로 인해 더욱 중요해진 공부 습관

저의 국민학교 시절에는 1년 동안 총 4번의 시험이 있었습니다. 절대평가 형식으로 90점 이상은 '수', 80점 이상은 '우', 70점 이상은 '미'였고, '양'이나 '가'에 대한 추억도 있습니다. 1년에 두 번 방학식 날은 성적표를 받는 날이었지요. 중학교에 들어가면서부터는 철저히 줄 세우기식 내신 관리가 시작되었고, 수능까지 이어졌습니다. 저는 지금도 가끔 꿈을 꿉니다. 시험 시간에 답이 없는 문제를 푸는 꿈을요. 그 정도로 시험이라면 지긋지긋하기도 하고 노력과 고생이 먼저 떠오릅니다.

초등학교에서 시험이 학년과 지역에 따라 점차 폐지되기 시작한 건 2010년대 전후입니다. 현재는 학교나 담임 선생님의 재량에 따른 형성평가, 단원평가와 같은 이름으로 자체적인 평가만 이루어지고 있습니다. 그리고 중학교 역시 2013년부터 자유학기제가 도입되기 시작하였습니다. 자유학기제는 시험의 부담을 줄이고 진로 탐색을 목적으로 1-1, 1-2, 2-1 세 학기 중에서 한 학기를 선택하여 시험을 보지 않는 것입니다. 2018년부터는 자유학기제를 2개 학기로 확대 운영하는 자유학년제가 실시되고, 중학교 2학년이 되어서야 첫 시험을 보게 되기도 하였습니다. 하지만 자유학년제를 축소하는 학교가 늘면서 2025년 폐지 후 자유학기제로 다시 전환됩니다.

시험에 대한 부담을 줄이고 다양한 활동과 수행평가로 아이들에게 많은 경험과 기회를 제공하는 것은 맞습니다. 하지만 우려의 목소리가 큰 건 사실이지요. 초등학교에서 시험을 보지 않으면서 기초 학력에 문제가 있는 아이들이 생기기 시작한 것입니다. 나중에 학습의 격차를 따라가기 위해서는 더 많은 준비를 해야 합니다.

중학교도 비슷한 상황입니다. 자유학년(학기)제의 해당 학기에는 지필고사를 보지 않고 수행평가와 자체적인 평가만 봅니다. 하지만 이로 인해 잘하는 아이들과 못하는 아이들에 대한 차이도 점점 심해지고 있습니다.

아마 가장 문제가 되는 것은 예전에는 일찍부터 준비되었던 내신과 입시 준비가 중학교 2학년(또는 중학교 1학년 2학기)에 처음 시작된다는 것이 아닐까 합니다. 물론 그동안 공부 습관을 잘 잡아왔던 아이들이나 내신 관리와 입시 환경에 적응이 빠른 아이들이라면 큰 문제는 없을 것입니다. 하지만 공부에 소홀했거나 적응이 느린 아이들이라면 문제가 다릅니다.

중학교의 절대평가와 고등학교의 상대평가

초등학교에 다닐 때는 수학 단원평가를 보면 다 맞거나 한두 개쯤 실수로 틀리는 정도의 아이였습니다. 중학교에 들어가서도 수학 시험을 보면 90점 이상을 꾸준히 받아오면서 제일 높은 A등급을 받기도 했지요. 그런데 그런 아이가 고등학교에 진학한 후 4등급 혹은 5등급까지 떨어졌다는 선배 어머님의 이야기를 들어보셨을 것입니다. 도대체 왜 이런 일이 생기는 것인지, 어떻게 그럴 수 있는지, 지금부터는 현실적인 이야기를 해보도록 하겠습니다.

먼저 중학교와 고등학교의 수학 내신 평가에 따른 등급 산정 방법의 차이를 알아야 합니다. 현재 중학교는 절대평가로 총 5개의 등급으로 구분합니다. 90점 이상은 A등급, 80점 이상은 B등급, 70점 이상은 C등급, 60점 이상은 D등급, 60점 미만은 E등급으로 평가합니다. 우리의 초등학교 시절 평가 방법이었던 수, 우, 미, 양, 가와 같은 방법입니다.

중학교 수학 점수별 내신 등급-절대평가

등급	점수
A등급	90점 이상
B등급	80점 이상
C등급	70점 이상
D등급	60점 이상
E등급	60점 미만

반면 고등학교는 중학교와 다르게 상대평가입니다. 2024년까지는 비율에 따라 총 9개의 등급으로 구별하였고, 2025년부터는 비율에 따라 내신 5등급제로 변경 적용됩니다(현재 초, 중등생 내신 5등급제 적용). 그동안 9등급제에 더 익숙해 계실 듯하여, 9등급제와 5등급제를 같이 비교하면서 설명해드릴까 합니다.

다음의 표를 살펴보면 내신 9등급제에서는 전체의 4%, 즉 100명 중 4명만이 1등급을 받을 수 있었습니다. 한 반을 25명이라 가정한다면 1등급은 1명인 셈이지요. 심지어 요즘 초등학교는 한 반이 20명이 안 되는 경우가 많으니, 반에 1등급이 없을 수도 있다는 계산이 나오기도 합니다. 2025년부터 반영되는 내신 5등급제에서는 기존에 상위 4% 이내의 학생들이 받았던 1등급이 상위 10%로 늘어나게 되었습니다.

물론 9등급이 일부 통합되어 5등급이 되었지만 여전히 중학교의 절대평가와는 다른 상대평가를 취하고 있습니다.

───── 고등학교 수학 점수별 내신 등급-상대평가 ─────

2024년까지 적용된 9등급제

등급	누적 비율	100명 기준
1등급	4%	4명
2등급	11%	7명
3등급	23%	12명
4등급	40%	17명
5등급	60%	20명
6등급	77%	17명
7등급	89%	12명
8등급	96%	7명
9등급	100%	4명

2025년부터 적용된 5등급제

등급	누적 비율	100명 기준
1등급	10%	10명
2등급	34%	24명
3등급	66%	32명
4등급	90%	24명
5등급	100%	10명

다시 돌아와 중학교와 고등학교 내신 산출에 대한 이야기를 이어가겠습니다. 중학교 때 A등급을 받던 아이가 고등학교에서 3등급을 받아오더라도 부모의 눈높이는 상위권에 맞춰져 있을 것입니다. 입시가 시작되더라도 걱정은 있으나, 중학교까지는 잘했으니 문제가 없을 것이라고 생각합니다. 하지만 절대 자신하면 안 됩니다. 중학교와 고등학교의 성적 산출 방식의 차이를 이해하고 아이의 실력과 위치를 정확히 파악해야 합니다.

등급과 더불어 성취도별 분포 비율에 주목하라

다음은 어느 중학교 2학년 한 학생의 1학기 중간고사 수학 시험의 실제 결과입니다.

	점수	평균 점수	2학년 전체 수학 성취도별 분포 비율				
			A등급	B등급	C등급	D등급	E등급
수학	92	82.6	42.2	25.1	15.6	8.1	9.0

■ 예시 1-(가)중학교 어느 학생의 2학년 1학기 중간고사 수학 점수와 등급의 비율

이 학생은 현재 서울 소재의 (가)중학교에 재학 중입니다. 2학년 1학기 중간고사 수학 시험에서 92점을 받아 A등급을 받았습니다. (가)중학교 2학년 수학 시험의 성취도별 분포 비율을 살펴보면 A등급을 받은 학생은 전체의 42.2%입니다. 만점을 받은 학생도, 90점대 초반인 학생도 모두 A등급으로 같으며, A등급의 비중은 응시자의 절반에 육박합니다.

이를 고등학교의 등급으로 비교해보면 9등급제였을 때는 4등급이 상위 40%까지이므로 (가) 중학교 A등급을 받은 학생 중에서는 고등학교에 가서 5등급을 받게 되는 학생이 있다는 것이 됩니다. 현재의 5등급제를 적용해보면 A등급의 상당수가 3등급이 됩니다.

중학교에서 꾸준히 A등급을 받았는데 고등학교에 가서 등급 하락이 오는 이유 중 하나입니다. 수학 실력이나 성적의 하락으로 인한 등급 변화뿐만 아니라 절대평가와 상대평가의 차이로 인한 등급 변화까지도 생각해야 합니다. 따라서 '90점대' 혹은 'A등급'이라는 사실만으로 아이의 학습 수준과 실력을 평가할 수는 없습니다.

이번에는 다른 중학교에 재학 중인 2학년 학생의 수학 시험 결과를 살펴보겠습니다.

	점수	평균 점수	2학년 전체 수학 성취도별 분포 비율				
			A등급	B등급	C등급	D등급	E등급
수학	87	75.8	19.2	24.2	27.5	17.6	11.5

■ 예시 2-(나)중학교 어느 학생의 2학년 1학기 중간고사 수학 점수와 등급의 비율

이 학생은 현재 서울 소재의 (나)중학교에 재학 중입니다. 2학년 1학기 중간고사 수학 점수로 87점을 받아 B등급을 받았지요. 이 학생이 B등급을 받기는 했지만 (가)중학교의 A등급의 비율(42.2%)과 비교해보면 (나)중학교의 A등급과 B등급을 합친 비율(19.2% + 24.2% = 43.4%)과 비슷합니다.

(가)중학교의 분포 비율을 살펴보면 상위 등급의 비중이 하위 등급의 비중보다 상대적으로 높습니다. 반면 (나)중학교의 경우 중간 등급의 비중이 살짝 높으나 전체적으로 등급의 비중이 골고루 분포되어 있음을 알 수 있습니다.

물론 주어진 자료의 과목 평균과 등급의 비율만으로 시험의 난이도와 학생들의 수준을 정확하게 평가하거나 비교할 수는 없습니다. 하지만 (나)중학교의 시험이 (가)중학교의 시험보다 상대적으로 난이도가 높았을 것으로 생각해볼 수는 있습니다. 이렇게 등급의 비율이 달라지는 이유는 시험의 난이도가 학교별로 천차만별이기 때문입니다. 물론 이에 따라서 학생들 간의 수준 차이도 발생하게 됩니다.

하나 더! 2025년부터 변화하는 내신 5등급제

고등학교 내신 성적이 대학 입시에 반영되기 시작한 1980년대부터 지금까지 절대평가와 상대평가가 교체되어왔습니다. 고등학교에서의 절대평가 방식은 학교가 시험을 쉽게 내서 학생들의 성적을 부풀릴 수 있다고 하여, 2008학년도부터 내신 9등급제의 상대평가가 적용되기 시작했습니다. 이는 상대평가를 통하여 내신의 영향력을 높이고 수능의 영향력을 낮추겠다는 목적이 있었습니다.

그리고 2025년 고등학교 1학년부터는 내신 9등급제에서 5등급제의 상대평가로 변경 적용됩니다. 전 학년 내신에서 절대평가(성취도 A~E)와 상대평가(5등급)를 함께 표기하게 되지만, 사실상 상대평가의 유지로 받아들일 수 있습니다.

기존 9등급제에서는 학교 내신에서 상위 4% 이내의 학생들이 1등급을 받고, 최상위권 대학 진학이 가능했습니다. 하지만 이제는 1등급이 상위 10%로 늘어남에 따라 기존 1, 2등급(3등급도 일부 포함)의 학생들이 모두 1등급이 됩니다(기존 9등급제와 달리 한 번이라도 2등급을 받으면 수시로는 최상위권 대학 진학이 사실상 불가능할 수도 있다는 것을 의미하기도 합니다).

이로 인하여 내신의 영향력이 약화될 수 있고, 상위권 학생들 간의 변별력이 감소할 수 있습니다. 내신에 대한 부담이 줄어들 수 있지만 수능이나 면접, 논술 등 다른 분야에 대한 경쟁 부담이 늘어날 수도 있습니다.

내신 관리를 시작하자

아이들 간의 실력 차이는 분명하게 있습니다. 하지만 대부분의 부모님이 생각하지 않거나 잘 보지 못합니다. 대부분의 중학교에서는 교과서 중심의 학습, 수업에 대한 성실도를 평가하고자 합니다. 그러다 보니 꼼꼼한 개념 학습만으로도 충분히 좋은 성적을 얻을 수 있습니다. 개념 위주로 학습하여

100점을 맞은 학생과 개념부터 심화까지 마스터하여 100점을 맞은 학생이 결과적으로는 같은 등급이 됩니다. 물론 두 학생 모두 좋은 성적과 좋은 등급을 받았다는 것은 수학 기초에 대한 이해가 잘 갖추어졌다는 것을 의미하기는 합니다. 하지만 상대적인 학습 수준과 실력의 차이는 분명하게 있지요.

전체적으로 출제 문제의 수준이 높거나 한두 문제의 킬러 문제를 섞어 점수에 차등을 두는 학교나 지역도 있습니다. 이런 경우 내신 대비를 위하여 개념 학습만으로는 부족할 수 있습니다. 많은 문제를 풀어보거나 심화 학습을 병행하는 등 내신 대비에 더 많은 학습량을 할애해야 성적을 유지할 수 있습니다.

✓ 상위권에 만족하지 말아라

아무래도 시험이 쉬운 학교는 A등급의 비율이 높고 시험이 어려운 학교는 A등급의 비율이 적을 수밖에 없습니다. 하지만 이러한 점수와 등급만으로는 정확한 위치를 알기 어렵습니다. 단순하게 A등급만 믿었다가 변화하는 난이도와 내신, 입시를 겪게 되면 성적하락의 원인을 찾기가 어렵습니다.

✓ 쉬운 개념 학습만 해서는 안 된다

'할 수 있는 수준의 쉬운 학습'만 해서는 안 됩니다. 풀면 거의 다 맞는 문제를 계속 풀기만 할 필요는 없습니다. 아이의 수준을 점검하여 필요에 따른 유형 학습이나 심화 학습을 계획하여야 합니다. 또 다른 지역이나 다른 학교의 기출문제를 풀어보는 것도 수준을 확인해볼 수 있는 좋은 방법입니다. 중학교 시기에는 사고를 확장할 수 있는 범위에서 난이도를 조절하여 학습하는 것이 중요합니다.

✓ 학습량을 늘려라

앞으로는 수학 학습에 충분한 시간을 투자해야 합니다. 저학년이나 초등학교 때 예체능을 해두라던 선배 어머님들의 말이 그냥 나온 것이 아닙니다. 중학교부터는 수학 학원에서의 시간, 숙제를 위한 시간, 자기주도학습 시간을 정확하게 구분하여 '진짜 수학 공부를 하는 시간'을 만들어야 합니다. 수업을 통해 얻은 것만이 학습의 전부가 아니며 스스로 정리하고 해결하는 시간이 필요합니다.

✓ 학습의 주도권을 찾아라

물론 중학교에서 상위권인 아이들이 고등학교에 가서도 쭉 1등급을 유지하는 경우도 있습니다. 이미 중학교 혹은 그 이전부터 학습 주도권을 가져와 학습을 끌어나가고 있기 때문입니다. 이제까지 학습 자세와 습관을 잡는 데 중점을 두었다면 중학생이 된 후부터는 체계적인 학습과 자기주도학습을 준비해야 주도적인 학습을 이룰 수 있습니다.

지금부터 내 아이의 정확한 위치를 찾고 중고등 시기의 장기적인 내신 관리와 입시 준비에 따른 학습 계획과 실천을 준비하여야 합니다.

중학교	→	고등학교
기초 학력을 위한 절대적 수준 평가		등급화를 위한 상대적 수준 평가

3] 대수를 잘하는 아이, 도형을 잘하는 아이

1학기 대수, 2학기 기하로 나눠지는 중등 수학

중등 수학은 초등 수학과는 달리 1학기 수학과 2학기 수학으로 나뉩니다. 단순하게 학기를 구분한다는 뜻이 아니라 1학기와 2학기에 다루는 내용과 과정이 다르다는 것을 의미합니다. 1학기는 '대수'라 하여 수, 식, 연산, 함수와 그래프를 주로 다룹니다. 2학기는 '기하'라 하여 주로 도형에 관한 단원들을 다루고 학년에 따라 통계나 확률에 관한 한 단원을 추가로 배웁니다.

초등 수학에서 한 학기에 수와 식 단원과 도형 단원이 섞여 있는 것과 비교해보면 명확한 차이를 알 수 있습니다. 중등 수학에서는 한 학기 동안 단원과 영역을 연결 짓거나 집중하여 학습할 수 있는 능력을 요구합니다.

중학교 3년 과정-1학기 대수, 2학기 기하(도형) 및 확률과 통계

	1학기	2학기	
1학년	대수	도형	통계
2학년	대수	도형	확률
3학년	대수	도형	통계

수학을 잘하는 아이들도, 수학을 못 하는 아이들도 저마다 더 잘하고 더 못하는 영역이 있습니다. 편견일 수 있으나 수학 교육가들 사이에서는 보통 '1학기 대수는 여학생들이 잘하고, 2학기 기하는 남학생들이 잘한다'라고 합니다. 꼭 그런 것은 아니지만 확실히 성향에 따라 강세가 다른 것이 느

껴지기는 합니다. 아무래도 대수는 수와 식을 이해하고 계산을 기반으로 하다 보니 차분하고 꼼꼼한 학습에 익숙한 아이들이 유리합니다. 한편 기하는 도형을 살피고 숨겨진 그림을 찾는 감각이 있거나 직감적인 아이들에게 더 유리할 수밖에 없습니다. 따라서 아이의 성향을 기반으로 대수, 기하 학습의 특징을 잘 파악한다면 균형 있는 중등 수학 학습을 완성할 수 있습니다.

대수를 잘하는 아이, 흐름을 타다

중학교 3년 내내 1학기에는 '대수'를 배운다고 했습니다. 1학년 1학기, 2학년 1학기, 3학년 1학기에 각각 다른 것을 배우지만 배우는 것의 흐름은 같습니다.

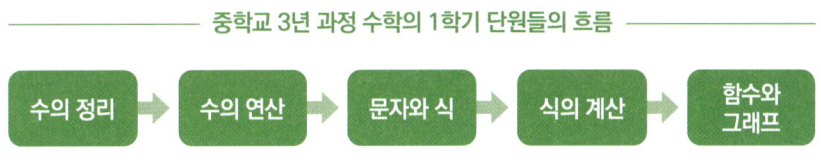
중학교 3년 과정 수학의 1학기 단원들의 흐름

수의 정리 → 수의 연산 → 문자와 식 → 식의 계산 → 함수와 그래프

학기가 시작되면 이제껏 알고 있던 수에 새로운 수를 추가하여 수의 체계를 정리합니다. 자연수에서 정수, 그리고 유리수에서 실수까지 확장하면서 새로 알게 된 수를 포함하여 연산을 연습합니다. 다음으로 문자가 포함된 식을 배우고 계산하는 단원이 이어집니다. 이 식은 함수의 식과 연결되며 그래프로 나타내는 함수 단원으로 1학기를 마무리합니다.

1학기 수학은 단원이 모두 연결되어 있고 심지어 학년 간에 연계성도 강합니다(이러한 과정은 중학교 3년에서만 끝나지 않습니다. 고등학교 1학년의 1년 과정이 대수를 기반으로 합니다. 그래서 많은 수학 강사들이 대수를 중요시하고 집중하려고 합니다). 그래서 대수 영역은 흐름을 타는 것이 가장 중요합니다.

지금부터는 1학기 수학인 '대수' 영역 학습을 위한 몇 가지 팁을 이야기해보도록 하겠습니다.

<u>1) 새로운 수를 받아들여라</u>
    1학년 → 부호를 갖는 수(양수와 음수)
    2학년 → 순환소수(유리수)
    3학년 → 근호를 갖는 수를 통한 무리수의 이해(실수)

1학년 수학에서는 처음으로 음수가 등장하면서 부호를 갖는 수를 통하여 사칙연산을 다시 정비합니다. 2학년 수학에서는 무한소수인 순환소수가 유리수가 되는 과정을 거쳐 유리수 체계를 정리합니다. 3학년 수학에서는 근호를 갖는 수를 통하여 유리수와 무리수를 구별하고 실수의 체계를 완성하게 됩니다.

이렇게 기존에 알고 있던 수에 학년마다 새로운 형태의 수가 더해지면서 수의 체계를 정리하고, 연산을 학습하는 것이 대수의 시작입니다. 그러니 수를 제대로 이해하지 못하면 식의 구조나 결괏값을 이해하기 어렵습니다. 수는 무한하며 다양한 형태를 이루고 있음을 아이가 이해할 수 있도록 지도해주시길 바랍니다.

2) '문자를 포함한 식'의 계산 연습(연산 학습)이 필요하다

    1학년 → 문자와 식의 계산

    2학년 → 단항식, 다항식의 계산

    3학년 → 곱셈공식, 인수분해

초등 수학에서 '어떤 수'는 중등 수학에서 '미지수, 변수, 상수 등'의 이름으로 바뀌며 x, y, a, b와 같은 문자로 표현됩니다. 그러다 보니 아이가 처음에 문자를 수로 생각하기가 쉽지 않습니다. 이제 막 문자를 포함한 식을 접하기 시작한 터라 수의 연산보다 식의 계산이 더 어려울 수 있습니다. 무엇보다 계산 과정이 복잡하고, 연산 방법도 하나가 아닙니다.

저는 이때 식을 반드시 문제집의 빈 공간이 아닌 연습장에 깔끔하게 써서 풀라고 합니다. 계산 공간의 압박을 느끼는 순간 계산 실수가 생길 수 있으며 대충 쓴 식에서 잘못된 계산으로 이어질 수 있기 때문입니다. 계산 과정을 적어나가는 연습을 통하여 실수를 줄여나가고 계산의 방법과 스킬까지 연습해야 식이 익숙해질 수 있습니다.

연산 학습은 절대 초등 저학년에서 멈추지 않는다고 말했습니다. 다시 연산 학습에 집중해야 합니다.

3) '활용'은 서술형, 심화 문제의 단골손님이다

    1학년 → 일차방정식의 활용

    2학년 → 연립일차방정식의 활용, 일차부등식의 활용

활용에서 가장 대표적인 유형인 '거리·속력·시간'을 예로 들어 설명하겠습니다. '거리·속력·시간' 유형은 다시 '기차·터널 문제', '호수를 한 바퀴 도는 문제', '속력이 바뀌는 문제', '강물 위의 배 문제' 등과 같이 다시 여러 유형으로 나뉩니다. '거리·속력·시간' 공식만으로 풀기는 어려울 수 있습니다. 이때 각 문제는 다시 유형이 되는 셈입니다. 그러니 '거리·속력·시간' 공식과 문제별 접근 방법을 모두 학습해두어야 합니다.

겨우 한 유형을 예로 들었을 뿐 활용은 여러 유형이 또다시 여러 유형을 만드는 구조이기 때문에 어렵게 느껴질 수밖에 없습니다. 또, 각기 다른 접근법은 서술형 문제로도 제격이기에 중요도가 높기도 합니다.

그래서 저는 활용의 모든 문제들을 모두 노트에 서술하여 풀라고 합니다. 풀이를 써보면서 같은 유형을 묶고 다시 갈라지는 유형의 접근 차이를 살펴볼 수 있습니다. 당연히 이 학습 방법은 많은 유형 학습과 서술형 학습에 큰 도움이 될 것입니다.

4) 함수는 식→그래프, 그래프→식으로 연결할 수 있으면 끝이다

1학년 → 정비례와 반비례

2학년 → 일차함수

3학년 → 이차함수

함수의 식을 기반으로 그래프를 그릴 수 있고, 반대로 함수의 그래프를 보고 식을 만들 수 있으면 함수의 핵심을 모두 파악한 것입니다. 식을 통해 그래프를 그리는 것은 함수의 가장 기본이자 함수의 성질을 파악할 수 있게 합니다. 반대로 그래프를 보고 식을 만든다는 것은 그래프에 주어진 조건을 통해 식을 구할 수 있다는 것을 의미하지요.

함수 공부를 시작할 때는 함수의 기초 문제에서 나오는 모든 함수의 식에 해당 그래프부터 간략하게 그리도록 지도합니다. 이 습관은 함수의 문제 해결을 빠르게 도와주며, 함수의 관계를 이해하는 데 도움을 줍니다.

도형을 잘하는 아이, 매직아이를 하다

2학기에는 '기하'라 하여 도형을 배운다고 하였습니다. 2학기 수학은 1학기와는 다르게 각 단원의 연계성이나 학년별 연결이 떨어집니다. 도형의 기본 개념은 이어질 수 있으나 대부분 단원의 핵심들이 다릅니다.

1학년 때는 점, 선, 면을 시작으로 기본도형, 평면도형, 입체도형까지 도형 학습을 이어 나갑니다. 하지만 2, 3학년 도형 단원에서는 성질의 증명, 비와 비율, 도형의 그림을 보는 힘 등 도형의 해석을 더한 다양한 능력을 요구하기 시작하지요. 그러다 보니 도형에 대한 이해와 더불어 대수 능력까지도 겸비해야 유리할 수 있습니다.

그럼 대수 학습과 도형 학습의 가장 큰 차이점은 무엇일까요?

'대수' 문제들은 문장 속에 주어진 조건을 통해 식을 만들거나 풀이를 시작할 수 있습니다. 그리고 어느 정도의 식과 계산을 통하여 틀리더라도 접근하거나 풀 수는 있습니다. 하지만 '기하' 도형 문제들은 그림에서 조건을 놓치거나 숨은 조건을 찾지 못하면 '풀기'를 시도조차 할 수 없게 됩니다. 심지어 그려야 할 보조선과 그림이 존재하기도 합니다. 그러다 보니 '문제에서 그림을 보는 능력'이 중요할 수밖에 없습니다.

저는 도형을 가르칠 때 아이들에게 항상 하는 말이 있습니다.

"뇌 속 카메라로 그림을 찍어서 기억해. 결국 문제의 그림들은 다 재활용이야. 길이나 각의 크기만 바꿔 다른 문제로 내는 거지."

이것은 문제 카피가 아닙니다. 실제 2학기 도형 문제의 80~90%에는 그림이 첨부되어 있습니다. 각기 다른 문제집을 펼쳐봐도 문제에 첨부된 그림은 거기서 거기입니다.

어린 시절 '매직아이'라는 책이 있었는데 오래 쳐다보고 있으면 복잡한 그림 속에서 띠용 하고 입체적인 그림이 보였지요. 문제의 그림을 보면 관련 개념이 연상되고 그림에서의 조건이 보이는 매직아이 효과가 필요합니다. 그러기 위해 그림을 익히는 것이 먼저 이루어져야 합니다.

지금부터는 2학기 수학인 '기하' 영역 학습을 위한 몇 가지 팁을 이야기해보도록 하겠습니다.

1) 그림을 익혀라

수학에서 다루는 그림은 정해져 있습니다. 여러 문제집을 펼쳐 살펴보면 같은 그림이나 도형이 반복되는 것을 확인할 수 있지요. 그렇다면 그림을 기억해야 합니다. 유형이 살짝 바뀌더라도 적용하는 개념이 같고, 풀이가 비슷하기 때문에 문제 해결이 쉬워집니다.

이때, 그림을 익히기 위해 직접 따라 그려보는 것도 도움이 됩니다. 그림을 그려보면 그림을 볼 수 있는 힘을 기를 수 있으며, 그림 속의 유형이나 숨은 조건을 이해하는 게 훨씬 수월해집니다.

2) 보조선을 긋는 것도 연습이 필요하다

도형 영역에서는 그림도 유형이라 하였습니다. 그림 속에 개념이나 조건이 있는 유형도 있지만, 보조선을 긋거나 그림을 추가로 그려 숨은 개념과 조건을 찾아야 하는 유형도 있습니다. 이러한 문제에 대해 단번에 필요한 그림을 추가하는 것이 쉽지는 않습니다.

이런 유형은 '긋기'가 문제 접근 1단계입니다. 보조선이나 그림 등을 추가하여 직접 그려보면서 개념과 연관 지어 생각하는 연습이 필요합니다.

예제) 다음 그림의 조건이 주어질 때, $\overline{CE}$의 길이를 구하시오.

➡ ⅰ) 삼각형의 합동(또는 닮음), ⅱ) 삼각형의 두 변의 중점을 연결한 선분 두 개념을 알더라도, 두 변의 중점을 연결한 $\overline{AF}$를 보조선으로 그려야 합동인 삼각형을 만들 수 있습니다.

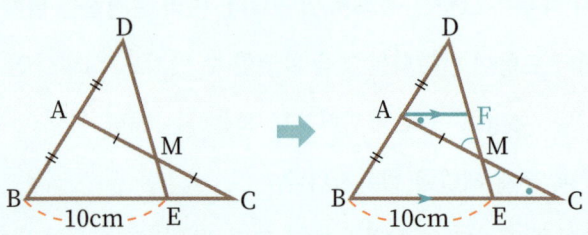

△DBE에서 $\overline{AF}$는 삼각형의 두 변의 중점을 연결한 선분이므로
$\overline{AF} = \dfrac{1}{2}\overline{BE}$ = 5cm

△AMF ≡ △CME (ASA 합동)이므로
∴ $\overline{AF} = \overline{CE}$ = 5cm

3) 성질을 증명하는 것은 필수다 – 서술이 필요

정의는 약속한 뜻이라 이유를 설명할 필요가 없으나, 성질은 반드시 이유를 설명(증명)하여야 합니다. 과정 없이 달랑 도형의 성질만 기억하는 것은 의미가 없습니다. 증명 과정은 □ 안을 채우는 객관식이나 서술형으로 출제되기도 합니다.

이등변삼각형의 뜻과 성질

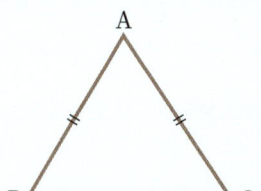

[이등변삼각형의 뜻] 두 변의 길이가 같은 삼각형

: 두 변의 길이가 같은 삼각형을 이등변삼각형이라고 약속하였으며, 왜 그런 것인지 설명할 필요가 없습니다.

[이등변삼각형의 성질] 두 밑각의 크기는 같다

: 이등변삼각형의 성질 중에는 두 밑각의 크기가 같다는 성질이 있는데, 왜 그런 것인지 설명이 꼭 필요합니다.

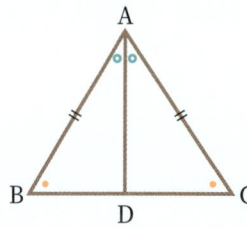

설명 ─────

이등변삼각형의 꼭지각인 ∠A의 이등분선을 그어 밑변과의 교점을 D라 하겠습니다. 이때 만들어지는 두 삼각형 △ABD와 △ACD가 SAS합동이 되므로 두 삼각형의 대응각인 ∠B와 ∠C의 크기가 같아지는 것이지요.

4) 공식보다 과정이 먼저다

식에서 유도하여 만드는 공식보다, 도형에서 만들어지는 공식이 과정을 기억하기가 더 어렵습니다. 기억하기 어렵다 해서 과정 없이 외워버린 공식은 당연히 쓸모가 없지요. 공식이 만들어지는 과정을 연상할 수 있도록 도형을 그려보면서 기억하도록 합시다.

다음은 중학교 2학년 2학기 도형의 닮음에서 등장하는 '삼각형의 내각의 이등분선', '삼각형의 외각의 이등분선' 공식입니다. 주어진 그림과 공식만 보아서는 그 과정을 알기 어렵습니다. 이럴 경우, 공식을 설명하기 위한 개념과 보조선(그림)을 같이 기억하고 공식을 외우도록 지도합니다.

> △ABC의 한 내각을 이등분하거나 한 변의 연장선을 그어 생긴 외각을 이등분하였을 때, 평행선과 선분의 길이의 비를 이용하여 공식을 만듭니다.

① 삼각형의 내각의 이등분선

$\overline{AD}$에 평행한 $\overline{CE}$를 그으면 $\overline{BA}:\overline{AE}=\overline{BD}:\overline{DC}$이고 $\overline{AE}=\overline{AC}$이므로
∴ $\overline{BA}:\overline{AC}=\overline{BD}:\overline{DC}$

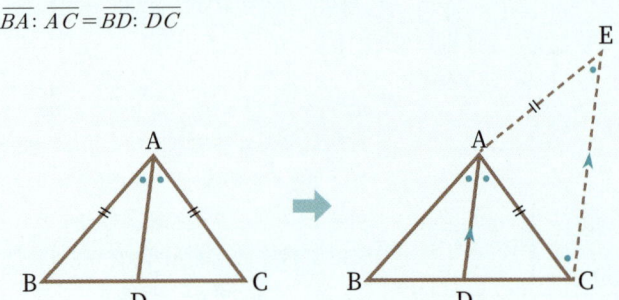

② 삼각형의 외각의 이등분선

$\overline{AD}$에 평행한 $\overline{CE}$를 그으면 $\overline{BA}:\overline{AE}=\overline{BD}:\overline{DC}$이고 $\overline{AE}=\overline{AC}$이므로
∴ $\overline{BA}:\overline{AC}=\overline{BD}:\overline{DC}$

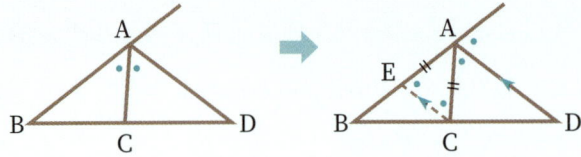

사실 '삼각형의 내각의 이등분선'과 '삼각형의 외각의 이등분선' 공식은 기억하는 것도, 유도하는 과정도 모두 쉽지 않은 공식입니다. 이 공식은 178쪽에서 다시 등장합니다.

계통 수학 학습법, 이렇게 이용하자

선행 학습이나 특강 수업을 진행하고 있는 부모님이라면 계통 수학 학습법을 알고 계실 수도 있을 듯합니다. 대수들만 연결하거나 도형만 몰아서 학습하는 것을 계통 수학 학습이라고 합니다. 3년 과정의 1학기 대수를 쭉 이어 학습하거나, 다소 연결성이 부족한 2학기 도형을 한 번에 몰아서 학습하기도 하지요. 보통 대수의 연장선인 고1 수학의 빠른 선행을 목적으로 합니다.

대부분 선행을 급히 생각하시는 분들의 선택이기는 하나 앞서 말씀드렸듯이 사실 계통 수학 학습법은 선행이 아닌 후행 학습, 즉 복습에서 활용하면 효과가 좋습니다.

이는 역사 학습의 시작이 연표로 시작되지 않는 것과 같습니다. 전체적인 흐름을 잡는 것도 중요하지만 흐름을 잡는 것은 순서상 나중입니다. 제 학년에서 다루는 수와 식의 깊이 있는 학습과 단원 간의 연계가 먼저입니다.

대수와 도형이 분리된 계통이긴 하지만 이를 한 학년에서 배우는 이유는 제 학년에서 배운 수와 식을 이용하여 도형 문제를 해결하도록 하기 위함입니다. '수와 식'을 도형에서 활용하는 셈입니다. 또 현행 도형 단원은 제 학년에서 요구하는 도형 학습 수준을 결정하기도 하고요. 이 점이 1, 2학기의 구별은 있으나 어느 하나만 앞서거나 미루지 않아야 하는 이유입니다.

계통 수학 학습법을 복습에서 활용해보세요. 1학기 대수, 2학기 도형끼리 묶어서 복습하고 중학교 과정을 마무리하면 흐름을 이해하는 데 좋습니다. 다음과 같이 부족한 영역이 있다면 필요한 영역을 묶어 학습을 계획해보길 바랍니다.

✓ 수를 확장하고 체계를 정리해라

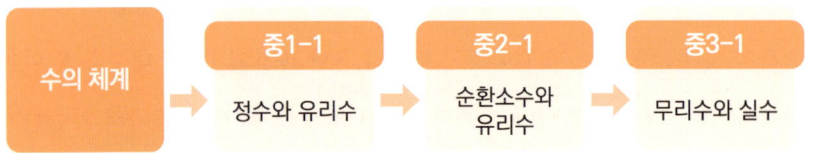

중학교 1학년은 수가 부호를 갖기 시작하면서 정수를 배우고, 정수가 아닌 수를 포함하면서 유리수를 배웁니다. 중학교 2학년에서는 무한소수 중에서 유리수인 순환소수를 통하여 유리수의 체계를 완성합니다. 중학교 3학년에서는 무리수를 배우고 실제로 존재하는 실수 체계가 완성됩니다. 이때 수의 체계를 완성하는 데 그치지 않고, 수의 형태에 따른 연산과 성질을 동반하여 다시 살펴보도록 합니다.

✓ 함수가 두렵다면 다시 살펴보자

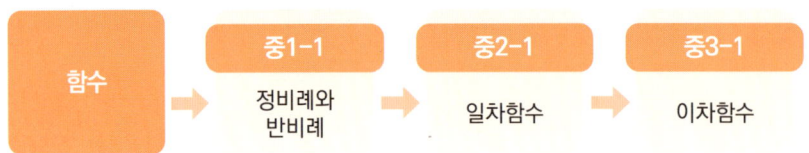

함수를 잘 할 수 있는 방법은 식을 보고 그래프를 그릴 수 있고, 반대로 그래프를 보고 식을 만들 수 있으면 된다고 했습니다. 하지만 그래프를 그려보는 것은 처음 함수 학습을 시작할 때 몇 번이 다 일 듯합니다. 여러 번 강조하지만, 문제의 모든 식에 간단한 그래프를 그려보는 것으로 시작해보시길 바랍니다. 그리고 정비례와 반비례부터 일차함수, 이차함수 순서로 그래프를 그려가며 성질을 파악해갑니다. 물론 그래프나 조건을 통하여 식을 만드는 연습도 필요합니다. 이것만으로도 중학교 과정의 함수 흐름이 보일 것입니다.

✓ **2학년 2학기, 3학년 2학기 도형이 어렵다**

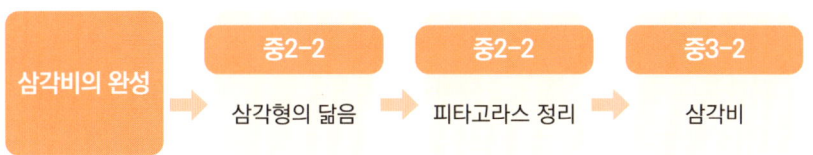

2학기 수학은 1학기 수학에 비해 연계성이 떨어진다고 하지만, 2, 3학년 도형 단원은 개념의 꼬리를 물어가는 흐름을 이해해야 합니다. 2학년 2학기에서 가장 힘들어하는 단원은 단연 도형의 닮음입니다. 삼각형의 닮음을 시작으로 직각삼각형에서의 피타고라스 정리, 3학년의 삼각형에서의 삼각비까지 삼각형을 이용한 개념에 꼬리를 물어가며 이어집니다. 어느 한 단원이 부족함을 보인다면 연계된 단원부터 다시 살피길 바랍니다.

사실 피타고라스 정리는 2015 개정 이전에는 3학년 2학기 단원이었습니다. 그러다 보니 직각삼각형의 변의 길이를 무리수로 나타낼 수 있어 실수 범위에서 구했습니다. 하지만 개정 이후에는 2학년 2학기 단원으로 편성되면서 유리수 범위에서만 구하게 되었습니다. 만약 3학년 1학기까지 학습이 끝났다면 실수 범위에서 피타고라스 정리를 다시 살펴보시길 바랍니다. 대수와 도형은 이렇게 연계됩니다.

- 피타고라스 정리 단원이 2학년 2학기로 편성되면서 직각삼각형의 변의 길이는 유리수의 범위에서만 구하게 됨

이 외에도 도형에서 필요했던 핵심 공식만을 모아 정리해보는 것, 중요한 도형의 성질을 모아 증명해보는 것도 모두 2학기 도형 관련한 계통 수학 학습이 될 수 있습니다.

이렇게 필요한 영역에 따라 학습하는 것은 중학교 과정을 정리할 때, 고등 수학을 학습하면서 어려움을 느낄 때마다 효과적인 학습법으로 사용할 수 있습니다.

4] 중1, 고1 선행은 일반적인 선행과는 다르다

수학의 어려움은 초6에서 중1로, 중3에서 고1로 넘어갈 때

우선 초등 과정(중등 과정)이 많이 미흡하다면 이 부분의 글은 읽지 않고 지나가길 바랍니다. 최소한 초등(중등) 전 과정 학습을 문제없이 마무리하는 아이들을 위해 추천하는 부분입니다.

저는 선행반대론자가 아닙니다. 필요한 아이들에게는 선행을 추천합니다. 단지 필요하지 않은 아이들에게 선행은 필수가 아니라는 점을 강조할 뿐입니다. 그러니 선행이 필요한 아이와 필요하지 않은 아이를 제대로 판단하여 추천 여부를 결정하는 것이 중요합니다. 선행은 목적과 아이의 의지, 쓰임이 있어야 합니다.

그런 제가 선행을 특별히 권장하는 과정이 있습니다. 바로 중학교 1학년과 고등학교 1학년 과정입니다. 이 과정들을 선행하려면 늦어도 초등학교 6학년 또는 중학교 3학년 시기에는 계획과 준비가 되어 있어야 합니다.

중1 과정을 살펴보면 초등 고학년의 많은 단원과 개념이 연계되어 있는 것을 알 수 있습니다. 초등 과정이 흔들리면 중등 수학이 어려울 수밖에 없는 당연한 이유이기도 하지만, 초등 수학이 단단하다 하여 중등 수학을 무조건 잘하는 것도 아닙니다. 연계된 것은 맞으나 한 개념에서 파생되는 개념, 즉 서브 개념이 생기고 유형과 문제의 가짓수도 기하급수적으로 늘어납니다. 게다가 깊이 있는 난이도의 문제를 풀 수 있는 학습 능력과 풀이의 서술 능력 평가도 병행됩니다. 그러다 보니 초등 과정에서 큰 무리가 없었던 아이들조차 중등 수학을 처음 접할 때는 많이 힘들어합니다. 심지어 초등 수학에서 중등 수학으로 넘어가는 변화에 영향을 크게 받는 아이들이라면 더 세심한 준비를 해야 할지도 모릅니다.

다음은 고1 수학 단원들과 중등 수학 연계 단원을 정리한 표입니다(중1 수학 단원과 초등 수학 연계 단원 정리는 1학기 200쪽, 2학기 225쪽에서 다루고 있습니다).

공통수학 1 단원과 중등 연계 학년과 단원

고1-1 단원 [공통수학 1]		중등 연계 학년과 단원
Ⅰ. 다항식	다항식의 연산 나머지 정리 인수분해	1학년 · 문자와 식 · 일차식의 사칙연산 · 단항식과 다항식의 계산 · 항등식 3학년 · 곱셈공식 · 인수분해
Ⅱ. 방정식과 부등식	복소수 이차방정식 이차방정식과 이차함수 여러 가지 방정식 일차부등식 이차부등식	3학년 · 무리수와 실수 · 이차방정식 · 이차함수 1학년 · 일차방정식 2학년 · 연립일차방정식 · 일차부등식
Ⅲ. 순열과 조합	순열과 조합	2학년 · 경우의 수
Ⅳ. 행렬	행렬과 그 연산	

공통수학 2 단원과 중등 연계 학년과 단원

	고1-2 단원 [공통수학 2]	중등 연계 학년과 단원
Ⅰ. 도형의 방정식	평면좌표 직선의 방정식 원의 방정식 도형의 이동	1학년 · 순서쌍과 좌표 · 직선의 방정식(일차함수와 일차방정식)
Ⅱ. 집합과 명제	집합 명제	
Ⅲ. 함수	함수 유리식과 유리함수 무리식과 무리함수	1학년 · 정비례와 반비례 2학년 · 일차함수 3학년 · 이차함수

중1과 고1 선행, 이렇게 하자

중1, 고1 과정은 단순하게 새로운 개념만 배우는 것은 아닙니다. 초등 고학년 또는 중학교 과정에서 다룬 내용의 반복, 확장, 연계가 이루어지는 학년입니다. 이 시기에는 아이들에 따라 배웠지만 여전히 생소한 아이들도 있고, 알고 있던 내용이 좀 더 간단하게 정리되는 느낌을 받는 아이들도 있으며, 배운 것이 갑자기 어려워져서 혼란을 겪는 아이들도 있습니다.

그러다 보니 선행 학습이라고는 하지만 반복되는 부분이나 초중등 과정의 구멍을 확인할 수 있는 계기가 되기도 합니다.

그동안은 흐름을 잡는 정도의 개념 학습으로도 선행을 이끌어 갈 수 있었지만, 변화가 시작되는 이 시기에는 좀 더 꼼꼼한 개념 학습이 필요하니다. 꼼꼼하게 학습했다 하더라도 배우는 내용이나 수준은 한 번으로 이해하기가 벅찰 것입니다. 우선은 어떤 내용을 배우게 되는지 살피고 하위 과정과의 차이나 연계적인 부분을 이해하는 것이 중요합니다. 필요에 따라서는 반복 학습이나 기초 연산학습을 준비해야 할 것이고, 수준에 따라서 유형과 심화 학습을 병행해야 합니다(이하는 중1 과정에 대한 설명으로 정리하였으며, 고1 과정도 같은 계획과 방법으로 생각하시면 됩니다).

✓ **6학년(또는 중3)이 된다면 선행을 계획하자**

아이의 학습 수준에 맞는 계획이 필요하겠지만, 졸업을 앞둔 겨울방학을 이용해도 늦지는 않습니다. 다만 더 일찍부터 준비하고 싶다면 현행 진도에 문제가 생기지 않도록 관리와 계획이 필요합니다. 이때 주의할 점은 단기간에 끝내겠다는 생각을 버려야 한다는 점입니다. 겨울방학에 시작한다면 중학교 1학년 1학기 과정 정도를 목표로 삼는 것이 좋고, 그것도 버겁다면 절반 정도를 목표로 해도 됩니다. 그 이전에 시작한다면 현행학습에 무리가 가지 않는 범위에서 적정 학습량을 결정하고, 부족한 부분은 여름방학과 겨울방학을 이용해보길 바랍니다.

다음은 중1 과정의 선행을 위한 진도 계획에 대한 예시입니다.

5학년 겨울방학	6학년 1학기	6학년 여름방학	6학년 2학기	6학년 겨울방학
초 6-1 개념과 유형 또는 심화		초 6-2 개념과 유형 또는 심화		선택 ·중 1-1 심화 선행 ·초등 총정리 복습 ·중 2-1 개념 선행
중 1-1 개념과 유형 선행		중 1-2 개념과 유형 선행		

▪ [예시1] 5학년 겨울방학에 시작하여 중1 전 과정 예습을 목표

5학년 겨울방학	6학년 1학기	6학년 여름방학	6학년 2학기	6학년 겨울방학
초 6-1 개념과 유형 또는 심화		초 6-2 유형 또는 심화		중 1-1 심화 선행
초 6-2 개념 선행		중 1-1 개념과 유형 선행		중 1-2 개념 선행

- [예시 2] 6학년 여름방학에 시작하여 중1 전 과정 예습을 목표

5학년 겨울방학	6학년 1학기	6학년 여름방학	6학년 2학기	6학년 겨울방학
초 6-1 개념	초 6-1 유형 또는 심화	초 6-2 개념	초 6-2 유형 또는 심화	중 1-1 개념과 유형 선행

- [예시 2] 6학년 겨울방학에 시작하여 중1 1학기 과정 예습을 목표

✓ 선행을 하면서 부족한 후행을 학습해라

6학년을 마무리하는 시점, 초등 과정을 총정리하는 복습과 중1 과정의 선행 중 무엇이 우선일까요?

분명한 건 초등 과정에 구멍이 있다면 중등 선행이 우선은 아니라는 것입니다. 다만 큰 구멍 없이 꾸준한 학습을 유지해왔다면 중1 선행을 하면서 연계된 후행 학년과 단원을 살피면 복습과 선행, 두 마리 토끼를 잡을 수 있습니다.

미리 연계 학년과 단원을 체크해두고, 선행 학습을 진행하면서 다시 살펴야 할 때 되돌아가보길 바랍니다. 보통은 "초등 때 배웠지?"라고 말만 하거나, 부족한 것이 있어도 어느 학년, 어느 단원을 살펴야 할지 모르다 보니 그냥 넘어가 버립니다. 그런 면에서 200쪽, 225쪽에 있는 초중 연계 단원, 128쪽, 129쪽에 있는 중고 연계 단원 정리 표가 큰 도움이 될 수 있으리라 생각됩니다. 표시해두었다가 학습할 때, 필요한 후행을 찾는 데 활용해보시길 바랍니다.

✓ 기본 개념과 기초 연산 학습을 꼼꼼히 해두어라

선행이 부담스러운 경우라면 기초 개념서로 개념을 살피고, 기본 문제나 기초 연산 위주의 학습을 준비하길 바랍니다. 특히 중학교 1학년 1학기와 고등학교 1학년 과정은 연산이 많은 대수 영역이므로 연산이 부족할 경우 진도를 나가는 게 힘들 수 있습니다. 연산만 잡아도, 현행학습 때 시간을 꽤나 줄일 수 있습니다.

✓ 깊이 있는 학습으로 연결하여라.

선행을 통해 미리 배웠다고 시간에 여유가 있는 것이 아닙니다. 선행을 해두었으니 현행이 편할 거라는 생각도 잘못된 것입니다. 이해도에 따라서 개념을 반복해야 하기도 하고, 배운 것을 좀 더 깊이 있는 학습으로 연결해야 하기도 합니다. 중고등학교에서는 상대평가가 이루어지다 보니 문제 난이도의 차이가 심하고, 서술 능력 등에서 실력 차가 생길 수밖에 없습니다. 개념 학습으로 끝내지 않고 유형 학습과 문제 풀이, 또는 심화 학습으로 연결해봅니다. 서술 연습이나 오답 학습의 습관도 다져두길 바랍니다.

중고등학교에 입학하기 전, 겨울방학을 알차게 보내야 중고등학교 학업 생활이 편해집니다. 입학 후로 학습을 미루면 자칫 적응하는 데 시간을 소비해야 할 것입니다.

하나 더! 수학의 반복과 확장, 그리고 연계

초등학교 때 배운 내용이 중학교 과정에서 어떻게 반복되고 확장되는지 궁금하실 듯합니다. 평행사변형을 예시로 들어 살펴보도록 하겠습니다.

초등학교 4학년 2학기에서는 평행사변형이 무엇인지(뜻), 어떤 성질을 갖는지 배웁니다.

초등학교 4학년 2학기 평행사변형과 그 성질

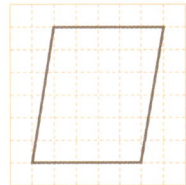

- 평행사변형 : 마주 보는 두 쌍의 변이 서로 평행한 사각형
- 평행사변형의 성질
  ① 마주 보는 두 변의 길이가 같다.
  ② 마주 보는 두 각의 크기가 같다.

중학교 2학년이 되면 똑같은 내용을 한 번 더 반복합니다. 여기에 더하여 중요한 점은, 중등 과정에서는 초등 과정에서 다룬 평행사변형 성질의 이유를 증명한다는 점입니다.

중학교 2학년 2학기 평행사변형과 그 성질

- 평행사변형 : 마주 보는 두 쌍의 변이 서로 평행한 사각형
- 평행사변형의 성질
  ① 마주 보는 두 변의 길이가 같다. ➡ $\overline{AB} = \overline{DC}$, $\overline{AD} = \overline{BC}$

  평행사변형 $ABCD$에서 대각선 AC를 그으면
  △ABC와 △CDA에서
  $\overline{AB} // \overline{DC}$이므로 $\angle BAC = \angle DCA$(엇각)
  $\overline{AD} // \overline{BC}$이므로 $\angle ACB = \angle CAD$(엇각)
  $\overline{AC}$는 공통이므로 △$ABC \equiv$ △CDA(ASA합동)

  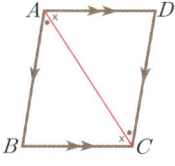

  ② 마주 보는 두 각의 크기가 같다. ➡ $\angle A = \angle C$, $\angle B = \angle D$

  위의 ①에서 △$ABC \equiv$ △CDA 이므로
  $\angle B = \angle D$, $\angle A = \angle BAC + \angle CAD = \angle DCA + \angle ACB = \angle C$

내용을 살펴보면 개념 확장은 있으나 평행사변형의 뜻과 성질이 반복된다는 것을 알 수 있습니다. 그러다 보니 초등 과정에서 나온 평행사변형의 뜻과 성질에 관한 문제가 중등 과정에서 기초 문제로 반복되어 나오기도 합니다.

수학이
쉬운 아이로 키우는
부모의 힘

❶ 학원 선택,
　 많이 가는 학원이 아닌 좋은 학원을 선택하자

❷ 사교육 선택, 이것이 고민이다

❸ 인강 선택, 슬기로운 인강 생활

4장 수학, 선택의 도움이 필요하다

수학, 선택의 도움이 필요하다

1] 학원 선택: 많이 가는 학원이 아닌 좋은 학원을 선택하자

학원에 보내는 건 무책임한 자세?

공부를 잘하더라도 각자 자신이 없는 분야가 하나쯤은 있으리라 생각합니다. 필기 과목을 잘하더라도 예체능은 어려워할 수도 있고요. 저 역시 영어 콤플렉스가 있습니다. 어렸을 때부터 영어는 공부해도 성적이 잘 나오지 않았습니다. 그러다 보니 아이를 낳고 아이의 영어 교육에 대한 고민이 깊을 수밖에 없었지요.

처음에는 직접 가르치고 싶었습니다. 하지만 어디서부터 시작해야 하는지 막막했습니다. 교육 방법도 잘 모르고, 정보가 너무 많아서 어느 방법을 선택해야 하는지도 몰랐습니다. 결국 인터넷 검색을 통해 유명하다는 영어 책이나 교구부터 구입했던 것 같습니다. 아이가 학습을 거부해도 강제로 끌고 가보기도 했고요. 열심히 준비해보았지만 제대로 된 학습 효과가 나오지 않았고 아이와의 관계에서도 문제가 생기기 시작했습니다. 저는 그래서 아이의 영어 교육만큼은 사교육의 도움을 받기로 결정했습니다.

물론 사교육 선택을 쉽게만 생각해서는 안 됩니다. 학원을 알아보는 것도 정보가 필요하고, 아이의 성향과 수준을 고려하여 선택해야 합니다. 무엇보다 학원에 아이의 학습을 떠넘기지 않도록 수업과 테스트, 과제를 꾸준하게 체크해야 합니다. 잘 따라가는지, 어려움이 있는지 학습 완급 조절도 선생님과 부모 사이에서 끊임없는 관리가 동반되어야 가능한 것입니다.

아마 저에게 있어 '영어'가 누군가에게는 '수학'이 될 수도 있을 듯합니다. 저처럼 아이의 교육을 사교육에 맡길 수밖에 없는 복잡한 이유가 있을 것입니다. 학창 시절 수학을 배웠지만 잊어버린 부모님도 있을 것이고, 저처럼 자신이 없어 엄두를 내지 못하는 부모님도 있을 것입니다. 맞벌이와 같은 환경적인 어려움이 있을 수도 있지요. 학년이 올라갈수록 수학은 점점 어려워지니, 엄마표 학습이나 주도적 학습을 잘하고 있었더라도 도움이 필요한 순간이 올 수 있습니다.

아이를 학원에 보낸다고 해서 교육에 무책임하다고 생각할 필요는 없습니다. 부모가 모든 것을 가르칠 수는 없기도 하고요. 학원에 다닌다고 해서 무조건 학습의 주도권을 빼앗기는 것도 아닙니다. 처음에는 학원에서 무엇을 배웠는지 부모가 도움을 주고, 어느 정도 익숙해지면 아이 스스로 학교 및 학원에서 배우는 것과 자신이 보충해야 할 것을 알아나갈 수 있습니다. 필요한 사교육을 선택하고 필요에 따른 학습을 해나간다면 사교육도 훌륭한 조력자가 될 수 있습니다.

――― 수학 학원의 종류와 특징 : 아이의 성향이나 상황에 맞는 학원 선택이 필요 ―――

	특징
수학 교습소	· 1인 강사 운영체제로 원장은 다른 수학 강사를 채용하여 반을 구성할 수 없으며, 원생 수 제한이 있어 소수 원생으로만 운영(채점 강사 채용은 가능) · '원장 직강'과 '소수 정예'의 수업. 진도, 학습 단계, 실력에 따른 맞춤 수업이 가능, 상황에 따라서는 개인지도나 소규모 그룹 형태의 수업을 진행할 수 있음 · 소수 지도로 인하여 수준별 반 편성이 어려울 수 있음 · 교습소는 '학원'이라는 이름을 사용할 수 없음
수학 전문 학원	· 수학 전문 학원은 규모에 따라 다양. 수준별 반 편성, 전문 운영프로그램 활용, 무학년제 운영 등의 특징을 갖기도 함 · 원생이 많은 경우 수준별 반 편성, 월별 테스트나 내신 관리 등을 통하여 타 학교 학생들과 실력을 비교할 수 있음. 경쟁 구도가 학습에 동기부여가 되는 아이들에게 도움 · 원장 직강이 쉽지 않으며 강사분들의 경력을 알기 어려움
수학 과외	· 대학생 과외만 아니라 전문 직업 과외도 많음 · 학원 강사는 경력 사항 확인이 어려우나 과외의 경우 직접 확인하고 선택 가능. 원하는 커리큘럼으로 수업을 진행할 수 있음. · 강의 경험이 중요함. 저학년이나 쉬운 과정은 문제가 없으나 중등은 최소 3년 과정에 대한 이해, 고등은 내신과 입시를 끌고 갈 역량이 필요함
종합학원	· 한 학원에서 수학뿐 아니라 주요 과목을 함께 수강할 수 있는 학원 · 전문 학원에 비해 수강료가 저렴하고 수학 외 주요 과목에 대한 종합적인 평가와 관리가 가능, 내신 대비 시 주요 과목을 골고루 준비하다 보니 효율적 · 과목에 대한 전문성이 떨어질 수 있으며 한 수학 강사가 많은 반과 학생들을 관리하다 보니 개별적인 관리가 어려울 수 있음

슬기로운 학원 생활

학원에 다니고 학원 수업을 듣는다고 수학 공부를 다 했다 착각해서는 안 됩니다. 학교든 학원이든 다니기만 한다고 해서 모두 같은 결과가 나오지 않습니다. 심지어 학교는 의무 교육 과정이지만, 학원은 철저히 필요에 따른 선택입니다. 그렇다면 정확하게 무엇이 필요한지를 생각하고 활용해야 합니다. 꼭 필요한 학원 생활이라면 효과적으로 이끌어 갈 방법을 생각해야 합니다.

1) 수업에 대한 집중

슬기로운 학원 생활의 시작은 '수업에 대한 집중'에서 시작됩니다. 수학은 기초가 중요한 학문입니다. 수학의 기초를 가장 잘 형성시켜주는 것은 바로 학교 수업입니다. 학원은 철저하게 학교 수업에 대한 보완 혹은 기초 위에서 더 큰 실력을 쌓기 위한 수단으로 생각해야 합니다.

부모님이나 아이들을 보면 학교 수업에는 집중하지 않고 놓친 부분이 생기면 학원 수업으로 메꿀 수 있다고 생각하거나 반대로 학원 수업에서 놓친 것을 학교 수업에서 채울 수 있다고 생각하는 경우가 종종 있는데, 안 됩니다. 현실은 학교 수업에 집중하지 못하는 만큼 학원 수업도 집중을 못 하는 경우가 대다수입니다. 심지어 학원 수업은 학교 수업보다 훨씬 빠르게 진행되기 때문에 놓치기 더 쉽습니다. 유형이나 심화 학습을 추가하려면 수업이 짧은 시간에 더 바쁘게 진행될 수 밖에 없습니다. 그 와중에 몇 번만 그냥 넋 놓고 왔다 갔다 하다 보면 진도를 따라잡기가 어렵습니다.

배울 기회가 많다고 다 좋은 것은 아닙니다. 배우는 것을 미루는 태도는 나쁜 학습 습관이 될 수 있습니다. 학원 수업은 나의 공부에서 필요한 것을 채우기 위한 수단이 되어야 합니다.

2) 숙제는 공부

'숙제=공부'가 성립할 수 있다면 가장 슬기로운 학원 생활이 될 수 있습니다. 숙제를 제대로 하기만 한다면 많은 시간을 내어 따로 공부할 필요가 없습니다. 하지만 대부분 숙제는 '해가야 하는 의무적인 것'이라고만 생각합니다. 시간에 쫓기듯 대충 끝내버리기 일쑤지요. 만약 다니는 곳이 많다면 많은 숙제에 더욱 악영향을 받을 것입니다. 이런 경우 정말이지 학원비가 아깝습니다.

숙제는 제대로 해가는 것이 중요합니다. 아이들을 보면, 숙제를 빨리 끝내기 위해 대충 읽고 모를 것(모르는 것이 아닌) 같은 문제는 별 표시 후 넘어갑니다. 채점도 안 하는 경우가 다반사이며 채점하더라도 틀린 것은 고치지 않습니다. 모른다고 표시한 문제를 다시 읽어보는 일도 없고요. 그러면 다음 수업 때 틀린 문제와 모르는 문제의 수는 감당하기 어려울 만큼 많아지게 됩니다. 모르는 문제의 풀이를 듣는 수업도 집중하기가 어려워지지요. 학원에서는 가르쳐주었으니, 문제의 난이도를 점점 높일 것이고, 풀어야 하는 문제의 양도 늘립니다. 그러면 아는 것만 계속 풀고 모르는 것은 또 모르고 넘어가는 악순환이 반복됩니다.

먼저 숙제할 시간을 충분히 확보하는 것이 중요합니다. 숙제하는 시간을 공부하는 시간이라 생각하고 충분한 시간을 가지고 문제를 풀도록 합니다. 어려운 문제나 풀리지 않는 문제라고 진짜 모르는 것이 아닙니다. 고민할 시간만 많으면 생각지도 못한 곳에서 풀리는 경우가 많습니다. 필요에 따라서는 개념을 정리하면서 진도를 나가는 것도 개념을 채우는 방법입니다.

숙제하고 나면 반드시 채점하고 고치는 것을 최소 1~2회 반복해야 합니다. 그래야 고친 문제에서 틀린 이유를 스스로 찾을 수 있습니다. 진짜 아는 것과 모르는 것을 구별해야 다음 수업에서 필요한 풀이의 도움을 제대로 받을 수 있습니다. 숙제할 때는 혼자 공부할 때처럼 실수 포인트, 모르는 것, 자주 나오는 핵심 등을 표시하도록 습관을 잡도록 합니다. 이런 습관이 잡히면 숙제를 통해 개념노트/오답노트의 효과까지 얻을 수 있습니다.

3) 오답 관리

수학 학원에서는 정말 많은 문제를 풉니다. 개념 단계부터 시작하여 유형이나 심화 문제까지, 게다가 시험 기간이 되면 기출문제나 예상 문제 형태로 더 많은 문제를 제공하지요. 문제점은 많은 문제를 빠르게 풀다 보니 틀리는 것을 제대로 알지 못하고 넘어가는 경우가 많다는 것입니다. 반복해서 나중에 또 풀면 될 거란 생각은 잘못되었습니다. 학원에서 틀린 문제의 푸는 방법을 가르쳐주었다고 해서 그 학생이 아는 것은 아닙니다. 틀린 문제의 풀이를 책이나 공책에 끄적여두었다고 이해한 것도 아니고요. 시키니까 하는 오답노트 작성은 시간 낭비일 뿐입니다.

틀린 문제에 대해서는 왜 틀렸는지 이해하는 것이 중요합니다. 계산 과정에서의 실수였는지, 풀이 과정 어디를 몰랐는지 알아야 합니다. 그리고 선생님이 풀어주는 풀이 과정을 베껴 쓰는 것이 아니라 반드시 스스로 다시 풀어 오답 정리를 해야 합니다. 오답 정리 과정에서 다시 알게 된 문제와 그래도 모르는 문제를 구분해두고 나중에 보충할 수 있는 형태의 관리가 이루어져야 합니다. 오답노트나 오답용 책 만들기, 포스트잇 활용 등을 이용하여 스스로 하는 쓸모 있는 오답 관리가 필요합니다.

4) 학습 관리

학원은 1부터 100까지 전부 가르쳐줍니다. 중요한 것이 무엇인지 집어주고, 틀린 것은 고쳐주고, 오답 관리도 해줍니다. 내가 무엇이 부족한지 알기 전에 무엇이 부족한지 먼저 알아채주기도 합니다. 진도도 결정해주고 학습 수준도 정해줍니다. 학생은 끌어주는 대로 끌려만 가면 됩니다. 그럼 이러한 관리가 정말 좋기만 한 걸까요?

학년이 올라갈수록 떠먹여주는 관리가 무조건 좋은 것은 아닙니다. 한 번 전체적인 흐름을 맡겨버리면 스스로 찾아가기가 점점 어려울 수 있습니다. 나중에는 아무것도 스스로 할 수 없게 되기도 합니다.

아이는 스스로 학습을 이끌어가는 힘을 키워야 합니다. 학습 속도, 진도, 수준을 결정하고 학습 시간을 효율적으로 사용할 수 있어야 합니다. 학원에 다니더라도 학습의 주도권은 반드시 학생 본인이 가져야 합니다.

5) 자료

학년이 올라가더라도 교과 연산이 부족하거나 특정 단원에서 부족함이 생길 수 있습니다. 이럴 때 학원에 개인 학습을 할 수 있는 문제나 자료 찾는 것을 부탁하면 가르치는 아이의 학습 상황을 고려하여 도움을 받을 수 있습니다. 보통 학원은 매년 출판사 및 총판을 통하여 많은 종류의 문제집 샘플을 받기 때문에 필요한 자료를 찾기 쉽습니다. 문제은행 같은 사이트를 구축한 경우도 있어 다양한 자료를 구비하고 있기도 합니다. 심지어는 문제집, 학교 기출문제뿐 아니라 지역별, 학교별 입시 자료나 수학 학습 자료 등의 도움을 받을 수도 있습니다.

이런 자료를 아이가 직접 챙기기 어려울 수 있으니 학부모님이 요청하여 받았다가, 집에서 공부할 때 활용하시길 바랍니다.

가장 쉬운 선택이자 빠른 방법이지만 학원을 보내기만 하면 모든 게 끝이라는 생각을 가져서는 안 됩니다. 사교육을 하는 데는 분명한 목적이 있어야 하고, 사교육 기간과 학습 방식 및 운영 방법이 잘 맞아야 합니다. 또 내 아이에게 사교육이 필요한 시기와 맞는 학원을 선택하는 것, 학원 수업에 대한 진정한 효과를 보는 것까지 모두 고려해야 하지요. 학원의 선택으로 돈과 시간, 학습의 수고를 겪는다면 좀 더 올바른 선택과 집중이 되어야 합니다.

2] 사교육 선택, 이것이 고민이다

사교육 선택의 고민 사례

오랜 기간 수학 교육을 하다 보니 주변에서 수학 교육에 대한 조언을 구하시는 분들이 많았습니다. 그 중 대부분이 사교육의 선택에 관한 것이었습니다. 여기서는 그동안 기억나는 분들과의 대화를 담아보았습니다. 물론 제 조언이 무조건적인 정답이 될 수는 없습니다. 하지만 적어도 같은 고민을 하시는 분들이 계신다면 작은 도움이 되길 바라며 이야기해보겠습니다.

[사례 1] 초등 저학년의 학원·과외 학습

<u>질문(Q)</u> "주변 선생님 중에서 초등 과외 선생님이 계시면 소개를 좀 해주실 수 있을까요? 이제 초등학교 2학년인데 수학을 어떻게 가르쳐야 할지도 모르겠고, 저학년이니 차라리 집에서 과외가 나을 것 같아서요."

<u>답변(A)</u> "초등학교 저학년을 지도해주는 분은 많지 않으세요. 저학년은 학원도 별로 없고, 사고력 학원에서 교과 수학을 다루어주거나 작은 규모의 공부방 정도입니다. 수학 전문 학원도 본격적인 반 구성은 4학년부터가 대부분이에요.

사교육에 특별한 목적이 있는 것이 아니라면 저학년은 수학을 학습으로 인식하기보다 습관으로 자리 잡도록 도와주는 것이 더 좋습니다. 필요한 연산 방법이나 간단한 원리 정도만 설명해주면 스스로 학습할 수 있을 거예요. 저학년 수학은 혼자 읽고 풀 수 있는 단원도 많으니, 꾸준하게 할 수 있

는 양을 정하여 연산, 사고력, 교과 수학 등을 선택해서 부담 없이 시작해보는 게 더 좋을 것 같네요.

처음에는 아이 스스로 하기 어려울 수 있어요. 부모님이 그날 해야 하는 양을 정해주거나 함께 계획하고, 모르거나 틀린 것을 도와주는 정도로도 충분합니다. 조급함을 조금만 덜면 수학을 접하는 기회의 시간이 될 수 있는 시기입니다."

[사례 2] 명문대생 과외선생님

질문(Q) "수학을 너무 못해서 SKY대생으로 과외 선생님을 알아봤더니 과외비가 너무 비싸더라고요."

답변(A) "아이가 수학을 못 하나요? 그러면 명문대 과외선생님은 필요가 없습니다. 명문대 선생님은 어렸을 때부터 수학을 잘한 경우가 많아서 본인 경험과 아이의 학습 수준에 대한 이해가 다를 수 있습니다. 특히 아이가 모르거나 이해하지 못하는 것을 공감해주지 못할 수도 있지요. 설명과 접근 방법이 다를 수도 있고요. 흥미가 없는 아이라면 더욱이 그 부분을 자극해줄 수 있는 열정 있는 선생님이 더 필요해요."

[사례 3] 들어가기 어려운 유명 학원

질문(Q) "학원이 워낙 유명해서 레벨테스트를 준비해서 봤어요. 그런데 제일 낮은 반을 편성받아서, 보내야 할지 말아야 할지 고민이네요. 유명하다 하니 한번 보내볼까요?"

답변(A) "상위권을 위한 유명 학원들은 보통 TOP반을 기준으로 운영하고 관리해요. 그러다 보니 TOP반이 아니면 의미가 없다는 이야기가 나오기도 합니다. 아래 반을 보내서 TOP반과 비교할 생각이라면 보내지 않는 것이 좋아요.

대신 수준별 학습에 만족하고 천천히 밟아간다는 마음과 계획이 필요해 보입니다. 꼭 유명 학원이 아니더라도 학생의 수준에 맞는 커리큘럼을 가지고 운영하는 학원들도 많으니, 커리큘럼과 진도, 수업방식을 보고 아이의 성향과 레벨을 고려하여 선택하는 것이 더 중요합니다."

[사례 4] 중, 고등학생을 위한 선생님

질문(Q) "아이가 중학생인데 수학을 너무 힘들어해요. 과외를 알아보려는데 어떤 선생님을 찾아야 좋을까요?"

답변(A) "중·고등 수학은 반드시 전체적인 커리큘럼을 이해하고 가르칠 수 있는 분이어야 합니다. 생각보다 수학을 전공하지 않으신 분들도 많고 경험이 적은 분도 많아요. 가르친 경험이 있더라도 해당 학년 지도를 하신 적이 없다면 경험이 없는 것과 마찬가지입니다.

수업을 위해 가르칠 내용만 준비하여 수업할 경우 단원의 연계, 내용의 확장과 활용 등에서 지도하시는 능력이 부족할 수 있습니다. 중등 수학은 최소 3년 과정에 대한 이해를 하신 분, 고등 수학은 내신과 입시를 모두 연결하여 지도하실 수 있는 분이어야 합니다. 그래서 학벌, 수학 전공만큼이나 수학을 가르쳐본 오랜 경험도 우선시되어야 해요."

[사례 5] 수학 학원의 규모

질문(Q) "대형 학원이 좋을까요? 소규모 학원이 좋을까요?"

답변(A) "아이의 성향이 중요해요. 여러 아이와 경쟁하며 성장하는 아이가 있고 소그룹이나 혼자 공부하며 성취의 기쁨을 느끼는 아이들도 있습니다.

프랜차이즈나 대형 학원은 검증된 교재나 교수법, 운영 방식을 이용합니다. 많은 테스트, 빠른 진도, 레벨에 대한 부담이 있거나 경쟁 구도의 학습이 어려운 아이들에게는 맞지 않을 수 있습니다. 반면 소규모 학원은 대형 학원보다 전문성은 부족할 수 있는 대신, 개개인의 성향이나 수준, 학습법을 달리하여 지도하므로 꼼꼼한 관리가 이루어질 수 있습니다. 한 가지 주의해서 살펴볼 것은 같은 학원이더라도 원장 선생님의 직강이 아닌 경우에는 경험이 부족한 선생님일 수 있으니 참고하시길 바랍니다."

> **하나 더!** **부모가 선택한 학원이라면 그 책임과 관리도 부모에게 있다**
>
> '부모의 책임' 이 부분에 있어서는 부모님들께 잔소리를 좀 해야 할 듯합니다. 아이 스스로 사교육의 필요성을 느껴 아이 주도하에 사교육을 선택하였다면 그 책임은 아이에게 있습니다. 이런 경우는 신경 쓰지 않아도 학습 태도, 과제 수행, 오답 등을 스스로 해내는 모습을 기대할 수도 있습니다.
>
> 하지만 대부분의 부모님은 "내 아이는 부족한 게 많아서 학원에 가야 할 것 같아", "수학은 이 학원이 유명하니까 보내봐야겠다", "이 정도의 학습 수준과 선행을 병행하는 것이 좋을 것 같아"하는 생각으로 학원을 먼저 알아보십니다. 아이의 실력, 진도, 학원을 부모님께서 결정하여 사교육을 선택하셨다면 그 책임은 부모에게 있습니다.

학원의 필요성을 느끼지 못하고, 수학 학습을 보충해야 할 이유도 모르고, 진도를 정할 생각도 없는 아이에게 학원을 강요하였다면 아이는 당연히 학원 생활과 수업을 성실히 수행하기 어려울 것입니다. 이럴 때는 "너는 내가 학원도 보내줬는데, 숙제도 제대로 안 해가고, 성적도 떨어지고, 도대체 뭐가 문제니?"라고 말할 것이 아닙니다.

부모님께서는 학원을 보내기만 할 것이 아니라 숙제와 진도를 체크하고 오답 학습까지 모두 확인, 관리해야 합니다. 나이, 학년은 중요하지 않습니다. 중학생이라도 부모님의 도움이 필요할 수 있습니다.

부모의 선택이라면 그 책임은 부모에게도 있음을 명심하세요. 보내면 끝이라는 생각은 하지 않기를 바랍니다. 학습의 독립을 위하여 부모와 자녀가 함께 계획하고 노력하는 자세는 당연히 필요한 것입니다.

3] 인강 선택, 슬기로운 인강 생활

이제는 인강의 시대

인터넷을 이용하여 영상 강의를 제공하는 것을 인터넷 강의(인강) 혹은 온라인 강의라고 하지요. 요즘은 그 형태가 참 다양합니다. 녹화된 강의뿐만 아니라 실시간 강의, 1:1 과외 형태의 온라인 강의도 있으며 입시나 고등 강의 외에도 초·중등이나 공무원, 자격증, 어학, 취미, 유아 등 다양한 강의가 개설되어 있기도 합니다.

교육의 기회에 대한 불균형, 사교육비 경감 등을 목적으로 2012년부터 EBS의 수능 연계율을 70%까지 늘리면서 온라인 교육에 대한 관심도는 더 높아졌습니다(2022년부터 EBS 연계율은 50%로 축소). 고등 인강은 아무래도 자기주도적인 학습을 하는 시기에 필요한 과목의 선택, 강사의 선택, 시간 절약, 지역적 기회 등을 이유로 인하여 지금까지 많은 인기를 유지하고 있습니다. 고등 인강의 성행을 계기로 연령은 점차 내려와, 중등 인강도 많은 활용도를 보입니다.

중등 인강은 입시와 직접적으로 연결되는 강의들은 아닙니다. 하지만 인강을 들으면서 자기주도적으로 학습을 끌고 나갈 수 있다는 장점이 있습니다. 저 역시 온라인 강의를 15년 넘게 하면서 온라인 강의로 많은 도움을 받았다는 후기를 들었습니다.

교육 온라인 사이트	
초등	EBS, EBS 초등 ON, 아이스크림 홈런, 밀크T 초등, 엘리하이, 온리원 등
중등	EBS, EBS 중학 프리미엄, 강남인강, 엠베스트, 밀크T 중학, 온리원 등

요즘은 초등 저학년의 온라인 강의에 대한 수요가 많아지고 만족도도 점점 높아지고 있습니다. 인강 사이트에서 개인별 맞춤 관리 선생님이 학습이 필요한 과목을 선택해주고, 실력에 맞는 진도와 필요한 학습량 계획 및 관리를 해주시기도 하지요. 집중력이 약한 저학년에 맞는 짧은 강의와 게임이나 영상 같은 흥미 있는 콘텐츠를 같이 제공하여 아이들의 관심을 꾸준하게 유도합니다.

하지만 이러한 분위기로 학습을 이어가는 것이 언제까지나 가능한 것은 아닙니다. 학년이 올라갈수록 학습량이 많아지고, 강의 내용은 점점 학습적인 분위기를 강조합니다. 이에 적응하지 못하면 아예 학습에서 관심이 멀어질 수도 있습니다.

결국 인강을 선택하고 유지하는 데는 학습자의 의지가 있어야 합니다. 강의의 퀄리티가 높고 다양한 시도와 영상 제공으로 새로운 경험이 되는 것은 맞지만 누구나 성공하는 것은 아닙니다. 그러니 자기주도적 학습이 어려운 아이라면 인강을 선택하기에는 부모나 관리자의 도움이 필요합니다. 이것이 없다면 인강은 다소 무리일 수 있습니다.

인강은 사이트도 많고, 강사도 많고, 강좌도 많습니다. 아이가 혼자 선택하고 수강을 유지하는 것이 힘든 것은 당연합니다. 부모님이 선택과 학습 계획 작성에 참여하고, 실천을 확인해주는 관리자의 역할을 분담해주시길 바랍니다.

아이를 위한 인강 활용 꿀팁
<u>1) 처음 인강을 시작한다면 '무료 체험이나 교안 강좌'</u>

열심히 하겠다는 포부를 가지고 먼저 수강료를 결제합니다. 하지만 몇 달 뒤 살펴보면 강의는 몇 강 듣지도 않고, 기간 만료로 끝나 있습니다. 스스로 인강을 통해 공부하겠다는 의지도 중요하지만, 강사의 강의 스타일이나 강의 수준이 아이에게 맞지 않는다면 계획을 실천하기가 어려워집니다.

강의 결제 및 교재를 구입하기 전에 강의 체험을 먼저 하게 해보세요. 어떤 강좌든 OT(오리엔테이션) 강의와 1강 시작 강의는 무료 수강이 가능합니다. OT 강의를 통해서 강의 구성과 특징을 살펴보고, 1강 수강을 통해 강사의 강의 진행 및 설명 방법, 수업 난이도를 확인하고 선택하길 바랍니다.

그리고 강의를 선택할 때, 교재 강의는 대체로 강의 수가 많고 교재를 구입해야 수업 듣기가 수월합니다. 이때 교재를 구입하기 전, 교재 없이 들어도 무방한 개념 설명 강의를 골라 수강해보거나 원하는 강사의 교안 강의를 먼저 수강해보길 바랍니다.

교안 강의는 강사가 개념 정리 및 문제를 만들어 교재 작업을 해둔 것으로 강의를 진행합니다. 때문에 교재를 구입하지 않고도 교안을 다운로드

받아 강의를 들을 수 있습니다. 강의 수도 교재 강의보다 적기 때문에 부담이 적지요.

2) 적극적인 '게시판 이용'

강의를 하나 들으려고 들어가보면 여러 게시판이 있는 걸 보셨을 것입니다. 보통 수강 후기 게시판, Q&A 게시판, 자료 게시판 등이 운영되고 있습니다. 자료 게시판에는 강의 관련 일정이나 수업 시 필요한 요점 정리, 공식, 추가 문제 등이 제공되기도 합니다. 수강 후기 게시판이나 Q&A 게시판을 이용해서는 강사와의 소통이 가능합니다.

보통은 24시간 이내 질문에 대해 답변을 해주므로 학습에 대한 고민이나 부족한 영역에 대한 상담이 가능합니다. 모르는 문제나 이해가 되지 않는 부분에 대한 설명도 꼼꼼하게 답변해주니 적극적인 활용을 해보길 바랍니다. 특히 아이들은 강의에서만 보던 선생님과의 직접적인 소통을 즐거워합니다. 강의에 대한 참여도를 높이는 역할을 해주기도 하니 일석이조인 셈이지요.

3) 강의를 고르기 어렵다면 '강사에게 추천받는 강의'

인강을 시작할 때 막막한 것 중 하나는 어떤 강의를 들어야 하는지 선택하는 문제일 겁니다. 원하는 과목과 원하는 강사가 있더라도 강좌 목록에 너무 많은 강좌가 있어 어떤 강좌의 강의를 수강하는 것이 좋을지 항상 고민되지요.

관리 선생님이 없거나 좀 더 맞춤 강의를 추천받고 싶다면 강의를 듣고 싶은 강사에게 직접 문의해보는 것도 좋은 방법입니다. 학습자의 수준과 필요한 강의의 종류, 학습 계획 등을 자세히 설명하여 게시판에 문의 글을 남기면 더욱 자세하게 맞춤 강의를 추천받을 수 있습니다.

강사는 매년 한 학년에 같은 과정을 교재별, 강의 종류별, 특징별로 구분하여 제작합니다. 한 강사의 강좌가 많은 이유입니다. 그러다 보니 원하는 강의를 자세하게 설명하여 추천을 부탁한다면 강의 특징을 가장 잘 알고 있는 강사는 학습자에게 맞춤형 강의를 추천해줄 수 있습니다.

<u>4) 작심삼일을 넘기기 위한 '계획, 방법 그리고 실천'</u>

작심삼일이 되지 않도록 계획과 실천을 준비해야 합니다. 동시에 여러 강좌를 선택하기보다 한 과목당 한 강좌를 선택하여 집중할 수 있도록 합니다. 강의 계획은 누가 세워주는 것이 아닙니다. 아이가 세우고 실천해야 합니다. 아이와 의논하여 하루, 일주일에 각각 수강할 강의 수와 완강 시기를 반드시 정하고 시작하도록 합니다.

보통 수학 기준으로 한 학기 강좌의 강의 수는 70강 전후입니다. 하루에 1~2강 학습을 기준으로 한다면 주 3일 이상 꾸준히 학습해야 완강이 가능합니다. 이때 월 2회 정도는 예비 학습일을 두는 것도 완강을 지킬 수 있는 좋은 방법입니다. 학원은 빠지게 되면 보강으로 진도를 메꾸어 원래 수업 계획에서 벗어나지 않고 이어갈 수 있습니다. 하지만 인강은 한두 번 미루게 되면 계획이 틀어지면서 학습에 점점 소홀해질 수 있습니다. 예비 학습일에 빠진 학습을 이어갈 수 있도록 합니다.

인강을 들을 때 대개의 아이들이 모든 강의를 다 꼼꼼히 듣겠다고 계획

합니다. 물론 잘못된 건 아니지만 듣다가 지치기도 쉽고, 수강이 지루할 수 있습니다. 불필요한 강의는 점프하거나 생략하면서 들어도 무방합니다. 인강을 무조건 많이 듣는다고 공부가 되는 게 아니므로, 인강을 듣고 정리하고 이해할 시간을 가지는 게 더욱 중요합니다. 다음은 인강으로 수학 학습을 하는 방법입니다. 학습 후 오답 학습까지 이어 잘 마무리하길 바랍니다.

✓ 개념 강좌는 개념 설명과 기본 문제 풀이 정도만 듣고 강의를 일시 정지 후 나머지 관련 문제를 스스로 풀도록 합니다. '문제 풀기 → 1차 채점 → 고치기 → 2차 채점' 후 필요한 문제들의 설명을 듣도록 합니다.

✓ 유형이나 심화 강좌는 강의 시작 부분의 개념 요점이나 유형 제시 정도만 확인(또는 대표 유형 문제 정도만 듣기)하고 문제를 먼저 모두 풀어본 후 필요한 부분의 강의나 문제 풀이를 듣도록 합니다.

✓ 개념 학습 중에는 연계된 아래 학년 또는 이전 단원들을 복습해야 할 때가 생깁니다. 인강은 필요한 부분의 강의만 찾아볼 수 있는 장점이 있습니다. 미리 개념 설명이 짧은 강좌나 교안 강의를 골라 두었다가 복습용으로 활용해보길 바랍니다. 복습 과정이므로 꼼꼼한 개념 설명이 있는 긴 강의일 필요는 없으며 교재 없이 수업을 들어도 좋습니다.

5) 들은 내용이 어렵다면 '학교 선생님의 도움'

저는 삼각대 위에 놓인 카메라를 보며 강의할 때, 가끔 "이해했니?", "혹시 졸고 있는 건 아니지?"와 같이 대답을 들을 수 없는 이야기를 할 때가 있습니다. "그래 분명 너희도 큰 소리로 대답했을 거야"라며 혼자 자문자답하고 멋쩍게 이야기를 마무리하곤 합니다.

인강의 최대 단점은 강의 중 직접적인 소통이 불가능하다는 것입니다. 그래서 게시판의 활용이 중요하다고 말씀드렸습니다. 하지만 궁금한 것을 질문하더라도 답글로 전해지는 설명이 이해가 어렵거나 빠른 시간 안에 궁금증을 해결하고 싶은 경우도 있습니다. 그럴 때는 학교 담당 과목 선생님께 도움을 요청할 수 있습니다. 직접 지도하는 선생님이시기 때문에 아이 수준에 맞는 설명과 답을 얻을 수 있습니다.

선생님께 도움을 요청함으로써 아이는 학습에 적극적인 자신의 모습을 스스로 대견해하기도 할 것입니다. 또한 어려운 과정을 거쳐 이해한 사항은 더욱 오래 기억에 남습니다.

저 역시 질문 게시판에 질문을 남겨주는 제자님들의 글을 읽다 보면 흐뭇해집니다. 모르는 것을 알고자 하는 아이들의 노력과 가르쳐줄 수 있다는 기쁨이 함께하지요. 학교 선생님께서도 같은 마음으로 우리 아이들을 도와주실 겁니다.

인터넷 강의 학습의 장단점

장점	· 학생과 강사의 스케줄을 맞출 필요가 없으며 학습 장소의 구애를 받지 않음. 원하는 시간, 원하는 곳에서 강의를 들을 수 있음. · 원하는 과목이나 강의만 선택해서 들을 수 있고 필요한 부분은 반복하여 학습 가능. 강의 점프, 강의 배속 조절 등을 이용하여 학습 속도를 조절할 수 있음. · 강의의 질이 높음. 인강 특성상 집중력을 높이기 위한 임팩트 있는 설명, 수업 내용, 연출 등에 신경을 많이 씀. · 선행, 후행, 현행, 경시, 시험 대비, 문제 풀이, 서술형 등 다양한 과정의 학습이 구비되어 필요에 따른 학습 선택이 가능
단점	· 관리자의 부재. 학생의 자율에 맡겨야 하다 보니 계획만 있고 실천이 없는 경우가 많음. 자기주도학습 능력이 부족하면 학습을 이끌어가기가 어려울 수 있음. · 강사와 학습자 간의 소통이 부족. 모르는 것에 대한 질문이나 이해가 다소 느릴 때 완급 조절이 어려움. PC, 스마트폰, 태블릿 등을 이용하다 보니 다른 사이트, 게임, 메신저 등의 노출이 쉬움.

높아지는 교육비가 부담된다면 공교육 인강에 주목하라

부모가 되고 나니 교육비 부담이 얼마나 큰지 느껴집니다. 인강이 학원이나 과외와 같은 사교육에 비해 부담이 적은 것은 사실입니다. 하지만 막상 결제하려 하면 유료 교육사이트를 기준으로 연간 수강료가 100만 원 혹은 그 이상인 경우가 많습니다. 심지어 전용 태블릿 구매가 필수인 경우도 있으며 선택 시 비용은 또 증가합니다. 중도 포기라도 하면 연간 수강료나 수수료가 너무 아깝기만 하지요.

저는 그동안 여러 사이트에서 온라인 강의를 해왔습니다. 그중에서도 EBS, 강남인강, 방송통신중학교와 같은 공교육 관련 강의를 하면서 좋은 강의를 누구나 공평하게 접할 수 있음을 꼭 한번 이야기하고 싶었습니다. 그래서 이 책을 쓰기로 결심했을 때, 꼭 그 이야기를 담겠다고 다짐하였습니다.

EBS와 강남인강은 공교육 성격의 온라인 학습 사이트입니다. 수업료 부담이 없고 강의 퀄리티가 아주 높습니다. 제대로 알고 활용하면 어떤 인강 학습보다 훌륭합니다. 인강 학습에 대한 계획을 가지고 있다면 무리한 계획이나 수강료 없이도 시작할 수 있습니다. 인강 학습 계획이 없었더라도 부족한 영역이나 예습, 복습 과정에서 필요한 강좌나 강의만 단기간 학습할 수 있어 자기주도학습 과정에서 큰 도움을 받을 수 있습니다. 이는 모두 부담 없이 언제든 강의를 선택할 수 있다는 점 때문입니다.

막상 사이트에 들어가보는 것부터가 쉬운 일이 아님을 잘 알고 있습니다. 우선은 어렵게 생각하지 말고 편한 마음으로 들어가보세요. 먼저 간단한 채널 및 사이트의 정보를 갖고, 학년에 맞는 대표 강의 정도만 알고 시작해도 좋습니다. 사이트에는 학년별, 강사별, 과목별, 수준별로 전체 강좌를 구분하여 두니 학습 목적에 따라 강의를 조금만 찾아보아도 필요한 강의를 금방 알 수 있습니다.

온라인 강의 15년차 강사의 추천 1, EBS 초중등 인강

EBS는 많은 TV 채널(EBS 1, EBS 2, EBS PLUS 1, EBS PLUS 2, EBS e, EBS KIDS 등)을 보유하고 있습니다. 지금은 EBS PLUS 1채널에서 고등 강의, EBS PLUS 2채널에서 초중등 강의를 볼 수 있습니다. 물론 이러한 강의를 TV의 각 채널에서 편성된 시간에만 볼 수 있는 것은 아닙니다. EBS 사이트에서 간단한 회원가입 후 모든 강의와 콘텐츠를 이용할 수 있습니다.

EBS 사이트에 들어가 보면 초중등 강의는 다시 EBS PLUS 2채널에서 방송되는 'EBS 강의(EBS 초등, EBS 중학 강의)'와 EBS의 외주사에서 제작되는 'EBS 프리미엄 강의(EBS 초등 ON, EBS 중학 프리미엄)'로 나누어져 있습니다.

——— EBS 채널 및 사이트 ———

EBS 채널	EBS 사이트 (무료)	EBS 프리미엄 유료
EBS 1 EBS 2 EBS PLUS 1 ----→ EBS PLUS 2 ----→ ⋮ ----→	EBS i (고등) EBS 초등 EBS 중학	EBS 초등 ON EBS 중학 프리미엄

'EBS 강의(EBS 초등, EBS 중학)'는 EBS에서 자체 제작된 교재로 강의가 제작되며 모두 무료 수강이 가능합니다. 저는 2013년에 EBS 중학에서 수학 강의를 시작했는데, 그때 EBS의 강의 제작 과정을 보고 많이 놀랐던 기억이 있습니다. EBS는 강의 제작 준비부터 강의 후 검수 과정까지 다른 강의보다 몇 배의 시간과 준비 과정을 갖습니다. 그렇게 만들어진 강의의 퀄리티는 당연히 높을 수밖에 없습니다.

하지만 학습자 입장에서 보면 좋은 강의를 구축해두었더라도 관리 선생님이 없다 보니 시작 단계부터 어려움이 있을 수 있습니다. EBS에서 필요한 강좌를 찾기 어렵다면 EBS의 메인 강좌를 추천해봅니다. 초등은 'EBS 초등 만점왕', 중등은 'EBS 중학 뉴런'이 대표적인 개념 강의입니다. 둘은 과정 중심의 설명, 교과서에 충실한 구성을 기반으로 하며 연산, 고난도 단계 등의 시리즈로도 준비되어 있습니다. 이 강좌들은 EBS PLUS 2채널에 방송되고 한 강의 시간이 만점왕은 30분, 뉴런은 40분으로 정해져 있어서 학습 계획을 일정하게 배분하기도 좋습니다.

또 방학을 이용하여 중학교 1학년 혹은 고등학교 1학년 과정을 미리 살펴보거나 빠르게 훑어보고 싶다면 'EBS 신입생 예비 과정' 강좌도 추천해봅니다. 이 외에도 여러 과정과 단계별 강좌가 있으니 먼저 서점에 가서 여러 EBS 교재를 살펴보고 필요한 과정의 강의로 연결해서 수강하면 선택이 쉬워집니다.

외주사에서 제작되는 'EBS 프리미엄 강의(EBS 초등 ON, EBS 중학 프리미엄)'는 'EBS 강의(EBS 초등, EBS 중학)'와는 성격이 조금 다릅니다. 출판사의 교재를 기반으로 제작되고 강사진도 조금 다릅니다. 이제까지는 유료로 수강 가능 하였으나, 2024년 교육부와 방송통신위원회의 지원으로 'EBS 중학 프리미엄'의 강의는 무료 지원이 되어 좀 더 폭넓게 선택할 수 있게 되었습니다. 무료 전환의 기회를 놓치지 말고 꼭 활용해보시길 바랍니다(단, 무료 수강에 관한 정책은 향후 변동될 수 있습니다).

온라인 강의 15년차 강사의 추천2, 강남인강

EBS의 강의는 무료이기는 하나 EBS 자체 교재로만 강의가 진행됩니다. 그러다 보니 원하는 출판사의 교재 강의를 듣기가 어려울 수 있습니다. 그렇다면 '강남구청 인터넷 수능방송(이하 강남인강)'을 추천해봅니다.

강남인강은 연 5만 원의 수강료가 있습니다. 연 5만 원으로 중고등의 전 과목, 전 강좌를 수강할 수 있지요. 그래서 보통 형제, 자매가 함께 수강하기도 합니다.

강남인강 중등부, 고등부 홈페이지 https://edu.ingang.go.kr

많은 분이 강남구청이라는 이름만 듣고 강남구민만 수강할 수 있는 것이 아니냐는 오해를 하시기도 합니다. 정확히는 2004년 강남구에서 전국 학생들에게 강남 교육의 경험과 사교육비 절감, 균등한 교육의 기회를 접할 수 있도록 설립하였습니다. 현재 중·고등학교 교사, 온라인 강사, 강남 및 대치 유명 학원 강사 등 우수한 강사진의 중고등 과정 2만여 개의 강의를 보유하고 있습니다.

강남인강의 큰 특징 중 하나는 여러 출판사의 교재 강의를 들을 수 있다는 점입니다. 매년 가을 교재심사를 진행하여 여러 출판사의 교재들을 강사들이 직접 심사하고, 선발된 교재를 채택하여 다음 해 강의를 진행하고 있습니다. 그러다 보니 강사들이 검증하고 학습자에게는 익숙한 교재로 강의가 제작됩니다. 교재 강의 외에도 강사별로 많은 교안 강의를 보유하고 있어 선택의 폭이 넓고 다양합니다. 시험 기간에는 시험 대비 강좌나 문제 풀이, 서술형 강좌 등의 교안을 다운받을 수 있으니 필요에 따라 학습 자료로 활용해도 좋습니다.

물론 아쉬운 점도 있습니다. 현재 강남인강은 중고등 과정만 운영되고 있습니다. 중학교 과정을 미리 학습하는 초등생의 비중이 높긴 하지만 예비 과정을 제외하고는 초등 과정 강의는 제공하지 않고 있습니다. 예비 과정으로 초등 수학 총정리, 초등 고학년 영어 등의 강의가 있으니 참고하시길 바랍니다.

저는 강남인강에서 10년 넘게 강의하면서 2019년부터 4년간 자문위원을 맡아 활동한 적이 있습니다. 그때 처음 강남인강의 장학 제도를 알게 되었습니다. 작은 팁을 드리자면 성적 우수자뿐만 아니라 성적 향상 및 수강 완료 등 다양한 학습자에게 많은 기회가 있으니 꼭 한번 도전해보길 바랍니다.

제가 오랫동안 EBS와 강남인강에서 강의하면서 생각한 것이 있습니다.

'인강에서만큼은 속도가 느린 학습자를 기다려줄 수 있고,
속도가 빠른 학습자와는 함께 달려줄 수 있다.'

하지만 어찌 될지 모르는 상황에서 많은 수강료를 내는 경험을 권하고 싶지는 않습니다. 우리 아이들이 적어도 공부하겠다는 결심 아래 기회의 차이가 생기지 않았으면 좋겠습니다. 늦었다고 생각되어도 언제나 시작할 수 있도록 함께 뛸 수 있도록 하는 곳이 있다는 것을 알려주세요.

수학이
쉬운 아이로 키우는
부모의 힘

❶ 수학 학습의 자립을 꿈꾸다

❷ 수학도 암기가 필요할까?

❸ 수학 문제와의 싸움에서 승리하자

❹ 꼭 알아야 할 오답 학습법

5장 아이와 수학의 독대가 시작되다

아이와 수학의 독대가 시작되다

1] 수학 학습의 자립을 꿈꾸다

수학을 잘하고 싶은 마음

그동안 수학에 관심이 없거나 반 포기 상태였던 아이들이 저를 만나면 제일 먼저 묻는 것이 있습니다.

"선생님, 어떻게 해야 수학을 잘할 수 있나요?"

저의 대답은 아주 간단합니다.

"응, 우선 공부부터 시작하자."

공부는 안 하고 있지만 아이들도 부모 못지않게 수학에 대해 막연한 걱정을 하고 있습니다. 우선은 수학 공부를 시작해야 뭘 알 수 있습니다. 뭐든 알아야 내가 잘하는지, 못하는지를 판단할 수 있습니다. 그럼 어떻게 수학 공부를 해야 할까요? 저는 이런 질문에 이렇게 대답합니다.

"별거 없어. 우선 개념서로 쉬지 말고 꾸준히 해보자."

공부해야 한다는 사실을 모르는 아이들은 없습니다. 공부를 잘 하지 않는 아이들도 몇 번이나 수학 공부를 시작해볼까, 노력을 해볼까 생각합니다. 하지만 수학에 대한 걱정은 크고 그동안 해둔 것이 없어 시작하려고 해도 막막하기만 합니다(이 점은 학원을 통해 수학을 공부해왔던 아이들도 고민할 수 있습니다. 학원을 왔다 갔다만 했거나, 숙제만 억지로 했다면 스스로 끌고 갈 힘이 부족해지고, 결국 같은 고민을 하게 되는 것이지요).

큰마음을 먹고 책상 앞에 앉아도 어디부터 시작해야 하는지, 어떤 방법으로 공부해야 하는지 모르는 경우가 대부분입니다. 그러면 결국 집중력이 흐트러지고 딴생각으로 가득해지죠. 이런저런 이유가 많지만, 결국 이런 악순환은 수학의 포기를 앞당기기만 할 것입니다.

아이들에게 정확히 알려주세요. 수학 공부법의 시작은 거창하지 않습니다. 수학은 마라톤과 같아서 페이스 조절을 하며 천천히 달리기만 해도 됩니다. 다만 그 끝이 멀기 때문에 힘들어 보일 뿐입니다. 먼 길을 가기 위해서는 속도보다 꾸준함이 필요합니다. 꾸준히 페이스를 잃지 않고 공부하다가 힘을 내야 할 시기에 막판 스퍼트처럼 온 힘을 다하면 됩니다.

처음에는 기초 개념을 쌓고 기본 문제를 풀며 멈추지 않고 나아갑니다. 그렇게 꾸준히 달리기를 반복하게 하세요. 결국에는 마라톤에서 내리막길을 만나듯이 언제가 스피드를 내고 싶은 수학과의 독대의 순간이 옵니다. 그때는 수학과의 단독 승부가 이루어지며 많은 문제를 풀어도 되고 어려운 문제에 도전해도 됩니다. 복습을 할지, 선행을 할지 그 필요성에 따른 학습을 스스로 선택할 수도 있습니다.

그 시기에 자신을 가장 잘 아는 사람은 선생님도 부모도 아닌 아이 자신이 됩니다. 모든 것을 자신이 판단하고 자신이 책임질 수 있는 시기야말로 명승부를 펼칠 수 있는 시기이니까요. 부모님은 그때를 위한 준비를 하면 되는 것입니다. 그것이 오지 않는다면 수학과의 독대는 이루어지지 않는 것이지요.

특히 고등 수학을 학습하거나 입시를 준비할 때는 부모나 선생님이 이끄는 대로 움직였던 아이들에게는 한계가 찾아올 수 있습니다. 학습의 필요성, 학습의 방법, 학습의 관리, 학습의 방향성 모두 스스로 깨쳐야 할 것들입니다. 남이 가르쳐줘서 알 수 있는 것이 아닙니다.

수포자를 위한 조언

고학년이 되었을 때 수학이 버겁기는 하지만, 그래도 초등 수학은 따라가는 듯합니다. 하지만 중학교에서 다루는 수학은 점점 따라가기가 어렵습니다. 이 과정에서 자신 없어 하는 아이들이 생기고, 곧장 고등 수학의 수포자로 이어지기도 합니다. 요즘은 수학 실력의 격차가 심한 편이라 일찍부터 수포자가 생기기도 하지요. 이는 초등 수학을 기반으로 하는 중등 수학의 확장이 제대로 이루어지지 않았기 때문입니다.

늦었다는 생각과 수학이 어려워 그냥 포기하겠다는 마음이 든다면 초등 수학 문제집 한 권을 권해봅니다. 특정 학년을 선택하기 어렵다면 초등 고학년 과정을 총정리한 문제집 정도도 좋습니다. 굳이 친구들이 많은 학교나 도서관에서 풀 필요는 없습니다. 집에 두었다가 혼자 있거나 시간이 날 때 풀어보면 됩니다.

'아니, 내가 중2, 3인데 이런 거까지 해야 해?'라는 생각이 들 수도 있지만, 아마 현재 학년의 수학을 따라갈 수 있는 상황도 아닐 것입니다. 고등 수학으로 연결되면 더 큰 어려움이 생기는데 그냥 포기할 수는 없습니다. 투덜거릴 시간에 뭐라도 시작하는 이 작은 계기가 훗날 수학 학습에 큰 밑거름이 되어 줄 것입니다. 처음 시작할 때부터 '진짜 공부 열심히 해야지!'라는 부담을 갖고 하기보다는 '취미처럼 술술 풀어봐야지, 이 정도는 쉽지' 정도로 시작하는 것이 좋습니다. 아무래도 다 배웠던 과정이니 쉽게 풀어나갈 수 있을 것입니다. 하지만 게 중에는 틀리는 문제도 있고 알았다고 생각했던 내용이 새롭게 다가오기도 합니다. 이렇게 시작한 취미 생활은 초등 과정을 이해하고 중등으로 연결하는 기본기가 되어줄 겁니다.

그렇게 한 권을 다 풀고 나면 이번에는 중1 기초 개념서를 한 권 사봅니다. 역시 어려울 필요는 없으며 쉬운 단계를 선택해야 부담 없이 시작할 수 있고 한 권(한 학기 또는 한 학년)을 끝까지 끝낼 수 있습니다. 이는 중1 수학을 뒷받침해 줄 것이고, 기초 개념서로 중1부터 다져 간 것은 중학 수학 전과정에 꼼꼼한 개념 학습의 시작이 되어 줄 것입니다. 그럼 수학과의 독대에 있어 모든 것이 준비된 것이지요.

이렇게 다진 기초를 기반으로 앞으로 학습의 방향성을 잡을 수 있습니다. 물론 그동안 차곡차곡 준비한 친구들보다는 부족할 수 있습니다. 하지만 독대를 하는데 부족함은 없습니다. 수학과의 독대는 말 그대로 아이와 수학 둘만의 만남이라 하였습니다. 부모가 옆을 지켜줄 수도 없으며 선생님이 책임져 줄 수도 없지요. 아이는 수학 학습에 대해 스스로 책임감을 느끼고 명승부를 펼쳐나가게 될 것입니다.

포기보다는 시작이 필요합니다.

하나 더! 수학은 연결과 반복이다

초등 수학이든, 중등 수학이든 어느 하나 빼놓고 갈 수 없는 이유는 연결성과 반복성 때문입니다. 다음은 중학교 2학년 1학기 일차함수를 이용하여 풀 수 있는 문제이고, 그래프를 그려볼 수도 있습니다. 하지만 사실 이 문제는 초등 과정에서도 쉽게 볼 수 있는 문제입니다. 혹시 이 문제에 함수라는 이름이 붙으니 뭔가 더 중요하고, 어렵게 느껴지지는 않으셨나요?

중학교 2학년 1학기 문제 🔔

다음 그림과 같이 성냥개비로 정사각형을 만들려고 한다.
정사각형 x개를 만들기 위해 필요한 성냥개비는 y개라 할 때, 다음을 구하시오.

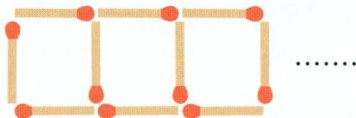

(1) y를 x에 대한 식으로 나타내어라.
(2) 정사각형 12개를 만드는 데 필요한 성냥개비의 개수를 구하여라.

초등학교 5학년 1학기 문제 🔔

성냥개비로 그림과 같이 정사각형을 만들고 있다. 정사각형 12개를 만드는 데 필요한 성냥개비는 몇 개인지 구하여라.

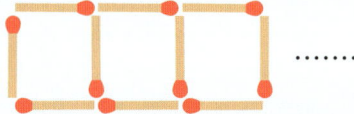

위의 두 문제는 각각 중학교 2학년 1학기, 초등학교 5학년 1학기 과정에서 나오는 문제입니다. 초등학교 5학년 1학기 과정에서는 대응 관계를 이해하고 □, △를 이용하여 대응 관계를 나타내는 식으로 나타냅니다. 이를 중학교 2학년 1학기 과정에서 두 변수 x, y를 이용하여 일차함수로 접근하는 것이지요. 이렇게 직접적으로 비교하지 않았다면 대응 관계와 함수와의 연관성을 생각하지 못하거나 식과 풀이, 답이 같다는 것을 모르고 넘어

갈 수도 있습니다.

실제로 많은 개념과 문제들이 반복되거나 확장됩니다. 때문에 현행학습을 유지하기 어렵다면 그 시작인 아래 학년을 살펴보도록 하길 바랍니다. 현행학습을 유지하는 데 큰 밑거름이 될 것입니다.

하나 더! 저자가 집필한 초등 수학 총정리와 중1 수학 기초 개념서 추천

다음은 제가 집필했던 수학 교재입니다. 초등 과정을 총정리하거나 중1 기초 학습을 준비하실 때, 적합한 교재를 선정하기에 어려움이 있으신 분들에게 도움이 될 수 있지 않을까 하여 간략한 소개를 첨부했습니다. 특히, 중1 수학 기초 개념서는 단순히 중1 수학의 개념만 다룬 것이 아니라 초등 수학을 복습하고 연계하여 중1 수학을 배울 수 있도록 구성되어 있습니다.

봄 초등수학 4·5·6

초등학교 4, 5, 6학년 과정을 수와 연산, 도형과 측정, 규칙성, 자료와 가능성으로 구분하여 학년별, 영역별 계통에 맞게 현행과 선행을 연결하여 학습할 수 있습니다. 또 각 개념에 기본 핵심 유형을 반복하여 학습함으로써 초등 과정을 확실하게 다질 수 있습니다.

이 교재는 초등 수학이 부족하거나 중등 수학으로의 연결이 어려운 학생들을 위해 집필하였습니다. 봄 초등수학 1·2·3 교재도 있으니 저학년 과정의 총정리 학습이 필요한 학생들은 활용해보시길 바랍니다.

뿜 중학 수학 연산입문서

중1 수학은 초등 수학과 밀접하게 연결되어 있습니다. '중1 소인수분해'의 기본은 '초등 5-1의 약수와 배수', '중1 원과 부채꼴'의 기본은 '초등 6-2의 원주와 원주율' 등과 같습니다. 저는 이러한 점을 파악할 수 있도록, 교재에서 중1 수학의 각 개념과 연계된 초등 개념을 먼저 짚을 수 있도록 했습니다. 초·중 수학의 기본기를 충실히 하고 연계성을 이해하는 데 도움이 될 것입니다.

교재 한 권에서 중1 수학의 1학기 대수와 2학기 도형을 모두 다루며, 기본 개념과 연산을 학습할 수 있습니다.

2] 수학도 암기가 필요할까?

수학은 암기일까, 이해일까?

수학도 암기 과목이다.
수학은 암기하면 안 되는 과목이다.

참으로 많은 수학 학습 지도서에서 등장하는 단골 논쟁거리입니다. 어떤 이는 수학도 암기하는 것이 맞다고 하고 어떤 이는 수학은 암기 과목이 아니니 절대 외우지 말라 합니다. 그런데, 이 논쟁이 꼭 필요한가 저는 생각합니다. 솔직히 수학이 암기 과목이면 어떠하고 아니면 어떠합니까. 저는 이해를 동반한 암기는 언제나 대환영입니다.

우리의 암기력을 동원하여 간단한 실험을 해볼까요? 다음 가로 6칸, 세로 4칸 표에 적힌 24개의 숫자를 순서대로 외워보도록 하겠습니다. 암기에 자신 있는 분이라면 제가 생각하는 것보다 빠르게 성공하실 수도 있을 것 같네요. 다 외웠다고 생각하면 숫자가 적힌 표를 손으로 가리고 오른쪽 표에 외운 숫자를 순서대로 써보시길 바랍니다.

2	3	5	7	11	13
4	6	8	9	10	12
1	4	2	8	5	7
3	1	4	1	5	9

→

성공하셨다면 진심으로 축하드립니다. 그렇다면 이제 하루 이틀쯤 지나 다시 한번 칸을 채워보도록 하지요. 제대로 기억하고 계신가요? 별 의미 없어 보이는 숫자를 오랫동안 기억한다는 것은 기억력이 정말 대단함을 증명하기도 합니다. 그런데 혹시, 이 수에 특별한 의미가 부여된다면 더 기억하기 쉽지 않을까요?

첫 번째 줄은 자연수 1, 2, 3, 4, 5, 6, 7, 8, 9, 10, 11, 12, 13…에서 약수가 2개인 자연수를 크기 순서대로 채운 것이며, 두 번째 줄은 약수가 3개 이상인 자연수를 크기 순서대로 채운 것입니다. 이를 각각 자연수에서 소수와 합성수라고 부릅니다. 세 번째 줄은 1÷7을 계산하면 0.142857142857142857…이 되는데 이때 소수점 아래에서 반복되는 6개의 수인 142857을 순서대로 채운 것이고요. 마지막 네 번째 줄은 원주율 3.141592…에서 앞의 숫자 6개를 써넣었습니다.

그러면 이제 다시 하루가 지나서 빈칸을 채워보도록 할까요? 첫 번째 줄은 소수, 두 번째 줄은 합성수, 세 번째 줄은 1÷7, 네 번째 줄은 원주율이라고만 기억해둔다면 아마 크게 문제가 없을 것입니다. 설명을 듣고 배웠기에 기억하는 것이 훨씬 수월하죠. 수를 정확하게 기억하지 못하더라도 자연수를 나열하여 약수를 직접 구해보거나 1÷7을 계산해보면 됩니다. 24개의 수를 무작정 외우는 것과 네 가지의 내용을 이해하고 이걸 활용하는 것, 무엇이 더 효과적일까요?

수학에서 배우는 것은 24칸 속의 숫자보다 훨씬 더 많고 복잡하며 어렵습니다. 아이들이 해마다 배우고 기억해야 할 내용은 기하급수적으로 늘어납니다. 힘겹게 외웠다고 한들 지속적인 쓰임이 없다면 금방 잊힙니다. 그럼 우리는 과연 수학에서 어디까지 외우는 것이 가능할까요?

수학의 개념과 공식도 모두 원리와 순서가 있습니다. 개념과 공식의 원리를 알고 이해하는 과정이 우선되어야 합니다. 이해한 다음 그것을 외워서 기억해야 합니다. 우리는 이런 과정을 '외운다'가 아니라 '익힌다'라고 표현하지요. 익히는 과정을 마스터하면 나중에 잊어버리더라도 과정을 생각해 개념을 떠올려보거나 기억이 나지 않는 공식을 직접 만들어볼 수 있습니다. 그래서 앞서 이해를 동반한 암기는 괜찮다고 말씀드린 것입니다.

실전 문제에서도 외워서 풀 수 있는 문제는 많지 않습니다. 처음 배우는 기초 문제 정도만 공식을 외워서 풀 수 있도록 구성되어 있습니다. 수학은 무조건적인 암기를 지양해야 합니다. 이해가 선행된 뒤에 암기가 이어져야 합니다.

수학에서도 암기는 필요하다

미취학 시기부터 초등 시기까지 수학에서는 창의력과 논리적인 사고를 가장 중요시했습니다. 그도 그럴 것이 이 시기에는 딱히 외워야 할 것이 몇 개 없기도 합니다. 대부분 기초 연산을 시작으로 기본적인 개념을 학습하고 심지어 여러 단원에서 반복합니다. 그러다 보니 자연스럽게 그 내용이 익숙해지지요. 그 덕분에 수학에 있어 가장 중요한 기본을 초등 시기에 모두 다지게 됩니다.

하지만 학년이 올라갈수록, 특히 중고등 수학을 접할수록 암기가 필요해지는 것을 느끼게 됩니다. 도저히 창의력과 사고력만으로는 해결되지 않는 것들입니다. 앞서 수학이라고 해서 암기할 것이 없는 것은 아니라고 말씀드렸던 이유이기도 합니다.

✓ 용어나 정의는 꼭 알아둔다.

수학에서 사용되는 용어나 중요한 정의(이유를 설명할 필요가 없는 약속된 뜻)는 꼭 알아두어야 합니다. 헷갈리는 용어를 구별하고 그 쓰임을 명확하게 해둡니다.

중학 수학에서 문자를 사용하면서 등장하는 'x'에는 다양한 이름이 붙습니다. 미지수, 변수, 상수 등입니다. 방정식에서는 '아직 값을 모르는 수'라는 의미에서 x를 미지수라고 합니다. 그리고 그 값을 구하는 것이 목적입니다. 함수에서는 '변하는 수'라는 의미에서 x를 변수라고 하며, x의 값을 변화시켜 나오는 y의 값과의 관계를 학습합니다. 상수 x라 함은 수를 의미합니다. 이때, 우리는 x의 값을 구하는 것에만 집중합니다. 하지만 단원과 쓰임에 따라 x는 모두 다릅니다. 이를 자칫 문자 'x'로만 통일하여 기억하지 않도록 합니다.

사실 이외에도 단원별로 알아두어야 할 수학적 용어와 정의는 많으며, 자주 사용하지 않으면 더 헷갈릴 수 있습니다. 또, 우리가 알고 있는 뜻과 수학에서의 의미가 다른 경우도 있어 수학에서의 정의를 반드시 기억해야 합니다.

중학교 1학년 1학기 다항식과 일차식에서 외워야 할 용어와 뜻

다항식에 관한 용어

- 항 : 수 또는 문자의 곱으로 이루어진 식
- 상수항 : 수로만 이루어진 항
- 계수 : 수와 문자의 곱으로 이루어진 항에서 문자 앞에 곱해진 수
- 단항식 : 한 개의 항으로만 이루어진 식
- 다항식 : 한 개 이상의 항의 합으로 이루어진 식

일차식에 관한 용어

- 차수 : 항에서 문자가 곱해진 개수

✓ 공식은 외우되 원리와 과정을 동반한다.

혹시 "근의 공식을 기억하시나요?" 이 물음에 꽤 많은 어른들이 지금까지 $\dfrac{-b \pm \sqrt{b^2-4ac}}{2a}$라고 답하시곤 합니다. 기억하는 만큼 중요한 쓰임이 있었던 공식인 것은 확실합니다. "그럼 근의 공식이 뭔가요?"라는 물음에 대한 답은 어떨까요?

오랫동안 공식을 기억한 것은 분명 대단한 일이 맞습니다. 하지만 어디에 써야 하는지, 무엇을 구하고자 하는 것인지, 어떻게 나온 공식인지 모른다면 아무 의미가 없습니다. 몇 번 언급하였지만, 공식에 대입하여 푸는 문제

는 기초 문제일 뿐이며, 유형이나 까다로운 문제는 과정에서 만들어집니다. 따라서, 먼저 1) 원리를 기억하고 2) 과정을 증명하고 3) 공식을 외우도록 합니다. 마지막으로 이렇게 기억한 것은 반드시 4) 쓰임을 가져야 한다는 것을 명심하길 바랍니다.

✓ 쉽고 오래 기억하기 위한 임팩트 있는 방법을 생각한다.

"칼칼나마 알아철~ 니주납수구! 수은백금 금속의~ 이온화순서!"
(학교종이 땡땡땡~ 어서모이자! 선생님이 우리를~ 기다리신다!)

제 머릿속에도 지금까지 남아있는 공식 같은 것들이 몇 가지 있습니다. 과학 시간에 배운 이온화 순서는 '학교종' 노래에 맞춰 외웠더니 그동안 쓸 일도 없었는데 지금까지도 기억합니다. 조선시대 왕의 순서 공식은 랩처럼 외웠는데 지금까지도 유용하게 잘 쓰고 있지요. 지금까지 기억할 수 있도록 특색있게 가르쳐주신 담당 과목 선생님께 감사한 마음이 들기도 합니다.

쓰임이 적은 내용이나 공식들은 금방 잊힐 수 있습니다. 수학에서 배운 것들이 항상 공평하게 쓰이는 것은 아니니까요. 그래서 때에 따라서는 임팩트 있는 방법으로 기억하거나 외우는 것도 필요합니다. 음을 넣거나 그림의 형태이거나 액션을 가미해서 말입니다.

다음은 '122쪽-넷째, 공식보다 과정이 먼저다'에서 언급했던 중학교 2학년 2학기 삼각형의 내각·외각 이등분선의 공식입니다. 보조선(그림)을 그리고 해당 개념을 적용하여 공식을 만들었습니다. 하지만 결국 오래 기억하지 못하면 쓸모가 없겠지요.

그래서 저는 강의에서 다음과 같이 '내각의 이등분선 공식'은 위에 3을 한 번, 아래에 3을 한 번 그려가며 '33공식'으로, '외각의 이등분선 공식'은 위에 반쪽 하트, 아래에 반쪽 하트를 각각 그려 '하트공식'으로 설명해줍니다. 이렇게 자신이 기억하기 쉬운 임팩트있는 방법으로 기억하는 것은 쓰임이 적은 공식을 오래 기억할 수 있는 방법이 됩니다.

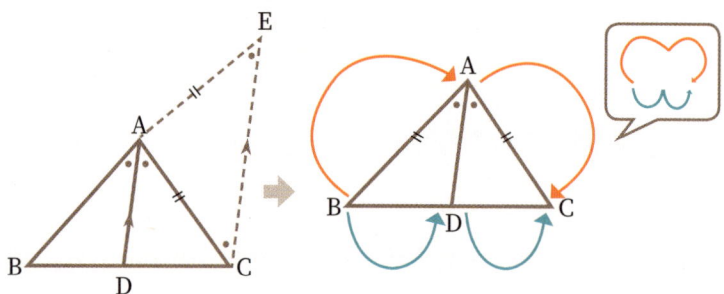

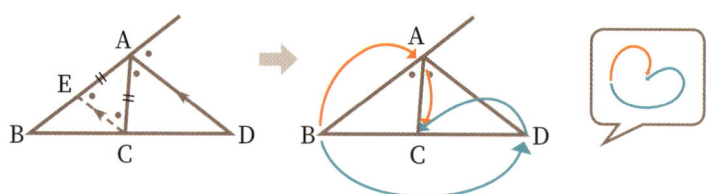

3) 수학 문제와의 싸움에서 승리하자

풀이와 정답에 자신감을 갖도록 도와주자

개념을 차곡차곡 쌓다 보면 이것이 어떻게 쓰이는지 궁금해집니다. 그때부터 아이는 다양한 문제를 풀어보게 될 것입니다. 물론 결코 쉬운 과정은 아닙니다. 특히 학년이 올라갈수록 더 많은 개념과 유형, 문제들과 맞서 싸워나가는 것이 벅찰 것입니다.

특히 열심히 공부하고 자신 있게 문제를 풀었는데 실수하거나 틀리는 것이 생기면 막막해지고 힘이 빠지기 마련이지요. 그러다 보면 '나는 역시 수학을 못 하는구나'라는 생각이 들기도 합니다. 이럴 땐 틀린 풀이와 답이라도 자신감을 가져보는 것이 방법이 될 수 있습니다.

'내 답이 왜 틀려?'
'내 풀이가 틀릴 리가 없어'

틀린 걸 맞았다고 우기라는 것이 아닙니다. '내가 왜 틀렸지'라는 의문을 바탕으로 역으로 살펴보는 것이 핵심입니다. 일단 문제나 조건의 해석이 잘못된 것을 찾을 수 있습니다. 또 그 과정에서 풀이 방향이 잘못된 것을 알아갈 수 있습니다. 이것은 단순히 틀린 문제를 다시 푸는 것과는 조금 다른 접근입니다. 내가 푼 방식을 처음부터 되짚어가는 것이기 때문에 틀린 원인을 찾기가 쉽습니다.

되짚어가도 답이 틀렸다면, 그다음에 해설지나 다른 사람, 선생님의 풀이를 봐도 좋습니다. 이때는 있는 그대로만 받아들이지 말고 자신의 풀이와 비교해야 합니다. 어느 부분이 같은지, 어느 부분이 다른지, 방향성은 어떤지, 잘못된 것을 납득해 가는 과정으로 탄탄하게 공부합니다. 자신의 풀이와 답에 자신이 있을수록 아마 문제에 더 깊이있게 다가갈 것입니다.

아이가 처음 푸는 문제를 맞을 확률보다 틀릴 확률이 당연히 높을 것입니다. 틀렸다고 주눅 든다면, 내 생각과 풀이에 자신감을 가지고 잘못된 것을 하나하나 고쳐나가도록 하는 것이 좋습니다. 절대 하지 말아야 할 것은 틀린 곳에서 멈추는 것입니다. 틀린 결과가 나왔으면 잘못된 과정이 있습니다. 그 과정을 수정해나가는 것이 학습입니다. 수학에서 가장 중요한 것은 자신감이고, 자신감은 잘못된 과정을 수정해나가면서 형성됩니다. 누구든 처음부터 잘하는 사람은 없음을 알려주세요.

모르는 문제, 어려운 문제를 푸는 방법

안 풀리는 문제를 만나면 먼저 해설지를 펼치거나 선생님의 풀이를 듣고 해결부터 하려는 아이들이 있습니다. 이렇게 해결한 문제는 기억에 오래 남지 않습니다. 비슷한 문제를 10문제쯤은 반복해서 풀어야 기억에 남을 것입니다. 그럼 어려운 문제는 어떻게 해야 할까요? 어려운 문제, 특히 자신이 못 푸는 문제는 어렵게 찾은 보물이라고 생각하면 됩니다.

'어? 이거 어려운데? 내가 못 풀어? 좋아 지금부터 내가 너를 풀어내고 말 거야.'

어려운 문제를 만난다면 충분한 시간을 갖고 문제를 살펴보도록 합니다. 필요하다면 관련된 개념이나 비슷한 유형의 풀이를 참고해도 좋습니다. 그렇게 해서 풀 수 있다면 게임에서 보물 하나를 득템한 것과 같습니다. 만약 오랜 시간과 공을 들였는데도 못 푼다면 자신보다 수학을 아주 조금만 더 잘하는 지인 찬스를 이용해봅니다. 내가 중위권이라고 하면 상위권의 친구를, 내가 상위권이라고 하면 최상위권의 친구를, 내가 최상위권이라고 하면 수학 선생님을 찾아가는 식입니다.

문제 풀이집도 있는데 왜 굳이 남에게 도움을 요청할까요? 그 사람이 더 잘 풀어서가 아닙니다. 내가 모르는 문제는 그 상대도 처음부터 쉽게 풀지는 못합니다. 분명 문제를 이해하고 풀이를 만드는 시간이 필요하지요. 중요한 것은 이때 고민하는 그 풀이를 엿보는 것입니다. 그들이 적거나 말한 작은 아이디어는 내 풀이에 물꼬를 틔워주는 역할을 할 수 있습니다. 이렇게 얻은 경험은 기억에 더욱 오래 남습니다. 또한 자신과는 다른 관점에서 생각하는 다른 이들을 보며 응용력이 길러지기도 합니다.

노력 없이 얻은 것은 쉽게 잊히지요. 우리는 결과만이 아니라 과정도 기억해야 합니다. 내가 이 문제에 투자한 시간과 문제를 풀기 위해서 노력했던 과정이 결과물로 남고, 내 머릿속에 저장됩니다. 노력 없는 결과는 진정으로 얻고 싶은 것이 아니기에 절실함이 적을 수밖에 없습니다. 조금은 수고스럽지만, 수학을 고민한 만큼 수학의 실력으로 되돌아오게 될 것입니다.

그래도 채점은 부모가 해주자

수학 학원에 다니다 보면 매 수업에 따른 문제 풀이 숙제가 나옵니다. 제법 양이 많아 힘들 법도 한데 열심히 잘 따라와 주는 아이들을 보면 기특하기도 하지요. 하지만 숙제 검사를 해보면 가끔은 참 어색한 답과 풀이에 채점이 되어 있는 것을 볼 수 있습니다. 누가 봐도 답안지를 보고 답을 체크하고서는 걸릴까 싶어 어색하게 풀이를 몇 줄 끄적거려 오지요. 사실 그 어색함은 딱 보면 알 수 있습니다.

보통 그런 경우 저는 새 교재를 복사해서 주거나 깨끗하게 지워 다시 숙제를 해올 수 있도록 지도하곤 했습니다. 물론 잘 고쳐지지 않는 상습적인 경우도 있습니다. 이러한 경우는 정말이지 학원에 다니는 의미가 없습니다. 그럴 땐 부모님께 도움을 요청하여 잘못된 습관을 고치는 데 집중해야 합니다.

아이가 중학생이라 하더라도 저는 도움을 주실 수 있다면 채점을 부탁드리고 싶습니다. 내 아이를 의심해서가 아닙니다. 직접 채점하다 보면 오답을 관리하기도 전에 답이 먼저 눈에 들어오고 기억하게 됩니다. 그리고 틀린 문제의 풀이에서 핵심 풀이를 자꾸 보고 싶어집니다. 이런 심리가 드는 건 당연한 일이지만 수학 학습의 면에서 보면 좋지 않습니다.

그래서 학습 독립이 있기 전까지는 채점을 도와주셔야 합니다. 그 이후에는 스스로 채점하면서 맞은 것에도 이유를 찾을 수 있으며, 틀린 것의 답이나 풀이는 채점 시 무시할 수 있게 됩니다. 독립의 시기 전까지는 중학생이어도 부모님의 도움이 필요합니다.

채점 방법에서 꼭 지켜야 할 것이 있습니다. 맞고 틀린 것만 체크해주고 지나가면 채점을 도와주는 의미가 없습니다. 부모에게 채점을 부탁하는 이유는 아이가 틀린 것을 반드시 다시 풀어보게 하기 위함입니다. 틀린 것을 고쳐서 2차 채점하고 오답을 관리하는 것까지가 의무입니다. 2차 채점까지 해야 한다는 게 귀찮으시겠지만, 부모님께서 반드시 도와주셔야 합니다. 틀린 문제 중에는 단순한 실수인 경우도 있을 것이며 처음부터 잘못된 접근으로 인한 오답의 경우도 있을 것입니다. 틀린 것을 다시 풀어보는 과정을 통하여 실수와 진짜 모르는 것을 구별해야 합니다.

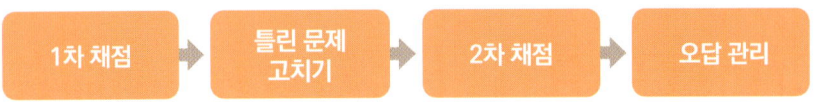

가끔 채점을 미루었다 한번에 하시는 부모님들이 계십니다. 아이가 문제와 풀이를 기억하고 있을 때 반드시 채점이 이루어져야 합니다. 그래야 맞은 것은 기억하고, 잘못된 것은 곧바로 고쳐나갈 수 있습니다. 시간이 지나면 내가 무엇을 풀었는지, 어떻게 풀었는지 기억하지 못합니다. 그럼 맞은 이유도, 틀린 이유도 알 수 없지요. 이럴 땐, 부모의 채점한 고생보다 아이의 학습한 고생이 사라집니다.

채점을 미루지 마세요. 채점은 부모님이 반드시 도와주시길 바랍니다.

4] 꼭 알아야 할 오답 학습법

맞은 문제에도 오답이 있다

"이번 학기에 유형서만 2권을 풀었어."

많은 문제를 접하고 풀어보는 것은 좋은 기회임이 분명합니다. 하지만 많은 문제를 푸는 것보다 더 중요한 것은 푼 것에 모르는 것이 없어야 하는 것입니다. 틀렸거나 모르는 문제를 그냥 지나가는 것은 아무리 새로운 문제를 많이 푼다 해도 학습 효과를 반감시킵니다. 그래서 수학 학습에 있어서 가장 중요한 것은 바로 오답 학습입니다.

아이가 맞은 문제 중에도 오답 학습이 필요한 경우가 많습니다. 맞긴 했지만 운이 좋아 맞은 것은 절대 실력이 될 수 없습니다. 가장 대표적인 경우가 객관식을 찍어 답이 맞는 경우이지요.

객관식의 경우는 보통 오지선다형으로 ①~⑤번의 보기가 있습니다. 그러다 보니 모르는 문제의 답도 $\frac{1}{5}$의 확률로 찍어서 맞출 수 있습니다. 그럼 수학에서는 주관식만 내면 될 것을 왜 굳이 $\frac{1}{5}$의 확률로도 맞출 수 있는 객관식을 섞어 내는 것일까요?

객관식의 출제 의도를 잘못 생각하면 안 됩니다. 객관식은 단순하게 오답 4개 사이에 숨어있는 정답 1개를 찾는 것이 목적이 아닙니다. 충분히 헷갈릴 수 있는 보기를 섞어 오답을 유도하는 게 진짜 목적이지요. 그러다 보니 객관식을 맞았다고 하더라도 마지막까지 헷갈렸던 보기가 있을 수 있는 것입니다.

또 '옳은 것은?' 또는 '옳지 않은 것은?'과 같은 객관식 문제들이 있습니다. 이러한 문제들은 각 보기의 옳은 이유와 옳지 않은 이유를 모두 생각해야 합니다. 이유를 설명할 수 없는 보기는 지금 내가 모른다는 것을 의미합니다.

이러한 객관식 보기들로 인해 헷갈리거나 틀렸다면 출제자의 의도가 확실하게 녹아내린 훌륭한 문제일 것입니다. 보기들을 다시 확인하지 않는다면 헷갈렸던 보기는 다음에도 혼란을 줄 수 있지요. 부모님은 채점과 오답 관리를 통해 이러한 문제를 골라 다시 풀이를 확인하는 과정을 시행하도록 감독해야 합니다.

주관식 중에도 풀었지만 풀이와 답에 확신이 없을 수 있습니다. 이런 문제들은 풀어서 답을 쓰고 난 후 문제의 번호에 물음표 표시를 해둡니다. 그리고 채점 후 틀린 것을 고치면서 표시해두었던 문제의 풀이를 확인하면 됩니다. 설사 맞았다고 하더라도 확신 없는 풀이와 답은 오답과 같지요. 절대 그냥 넘어가지 않아야 하며, 반드시 확인 과정을 거치도록 합니다.

채점 표시 예시		채점 표시 예시	
○	맞은 문제에 표시 (생략 가능)	△	한 번 틀리고 재채점하여 맞은 경우
○?	맞았지만 풀이에 이상이 있거나 미흡한 경우	△ (두 줄)	두 번 틀리고 재채점하여 맞은 경우
/	한 번 틀린 경우	☆	모르는 문제에 표시
//	재채점까지 두 번 틀린 경우	☆ (원)	모르는 문제의 풀이를 도움받아 해결한 경우

■ 채점 및 재채점, 오답 학습 등에서 사용하는 표시의 예시

오답노트의 목적과 오답 정리법

오답 관리의 기본은 오답노트 작성에서 시작됩니다. 보통 내신이나 입시를 준비하는 시기에 많이 작성해보셨을 것입니다. 내가 틀렸거나 몰랐던 것을 점검하고 시험 직전에 다시 보기 위한 목적으로 오답노트를 만듭니다.

하지만 아직 시험이 없어 부담이 없는 시기라면 오답노트 작성을 대단하게 준비할 필요는 없습니다. 다시 보는 목적보다는 한 번 더 풀어보는 연습장 개념으로 접근하는 것이 부담이 없습니다. 매번 다시 볼 수 없다면 한 학기가 끝나거나, 한 학년을 마친 후 방학 기간 복습에 활용하면 많은 도움이 됩니다. 그러니 아이에게 오답노트를 쓰는 습관을 기를 수 있게 도와주세요.

여기서는 오답노트에 대한 몇 가지 조언을 해볼까 합니다.

글씨가 큰 초등학생은 한 줄에 편안하게 풀이를 쓰면 됩니다. 이때 오답 정리는 풀이를 써보는 연습이 되기도 하고 계산을 끄적이는 연습장이 되어 주기도 합니다.

한편 글씨가 작고 풀이가 아래로 향하는 중학생의 경우에는 노트를 반으로 접어 사용하면 좋습니다. 굳이 힘들게 문제를 쓸 필요는 없으며 최대한 문제집 가까이에 노트를 대고 풀어가면 됩니다.

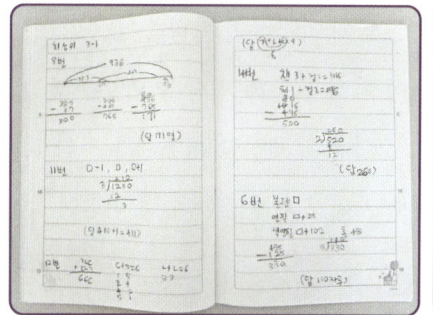 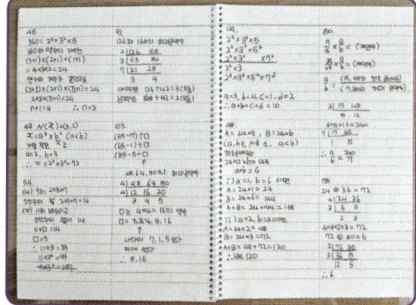

■ 초등 오답노트와 중등 오답노트 예시

부모님 중에는 나중에 오답 문제를 찾기 쉽게 하거나, 문제를 다시 풀 때 실수가 없도록 하기 위해 문제를 복사해서 붙여주는 분도 계십니다. 아무래도 문제 바로 아래 푸는 것이 실수를 줄여주고 풀이에 더 집중하게 해주기 때문입니다. 하지만 학년이 올라가 문제의 양, 오답의 양이 많아지면 쉬운 일이 아닙니다. 그리고 이 시기 아이들 대부분은 풀었다는 것에 의미를 두고 오답노트까지는 안 하려고도 하지요.

저는 이런 경우 같은 문제집을 한 권 더 구입하라고 합니다. 그리고 부모님께 다 푼 문제집에 세모 표시(틀렸다가 맞은 문제)와 별 표시(모른다고 했던 문제) 된 문제를 새 문제집에 파란색으로 각각 다시 표시해 달라고 부탁드립니다. 그럼 아이는 새 문제집에 표시된 오답인 문제들만 풀면 됩니다. 문제를 오답노트에 쓰거나 따로 복사해서 붙일 필요가 없으며 오답 문제를 풀 수 있는 공간도 넉넉합니다.

이제 표시된 문제들을 다 풀고 채점해보면 맞은 문제와 다시 틀린 문제, 또 모르는 문제로 나눠집니다. 이때, 또 틀리는 문제와 진짜 모르는 문제가 무엇인지 알 수 있게 되는데, 이를 오답노트에 작성하면 됩니다. 오답의 양이 많으면 오답노트 작성이 힘들지만, 이 과정을 통해 진짜 오오답만 관리한다면 부담이 줄어들 수 있습니다. 이 오답용 문제집만 두었다가 시험 기간에 오오답만 찾아서 다시 한번 살펴보면 이보다 훌륭한 오답 학습은 없을 것입니다.

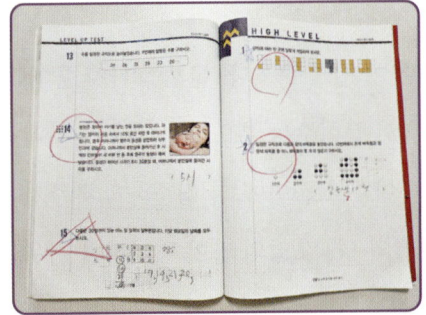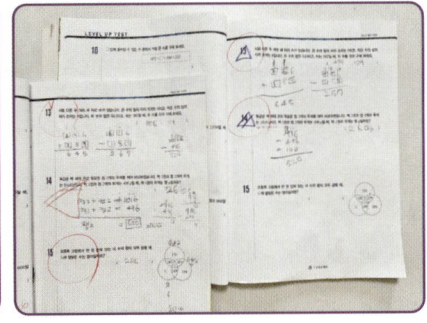

■ 딸의 오답 학습 수학 교재들. 처음 풀었을 때 틀렸던 문제를 파란색 세모 표시, 몰랐던 문제를 별 표시해두었다. 두 번째 풀면서 이해 정도를 확인할 수 있다. 고학년이나 중학생이라면 또 틀린 것을 오답노트에 한 번 더 정리하도록 한다.

파란색 체크		빨간색 채점		오답노트 작성할 문제
△	→	○	틀렸던 것을 맞춘 문제	
△	→	△	틀렸던 것을 또 틀렸다 맞춘 문제	V
△	→	☆	틀렸던 것을 다시 풀었는데 모르는 문제	V
☆	→	○	몰랐지만 다시 풀었을 때 맞춘 문제	
☆	→	△	몰랐지만 다시 풀었을 때 틀렸다 맞춘 문제	V
☆	→	☆	몰랐지만 다시 풀어도 모르는 문제	V

▪ 오답 교재에서 다시 오오답 관리가 필요한 문제

사실 다 푼 문제집을 다시 사라고 하면 아까운 마음이 드는 것은 사실입니다. 하지만 열심히 다 풀어놓고 오답을 확인하지 않고 가는 학습 방법이 저는 더 아깝다고 생각합니다. 물론 오답의 양이 적다면 다시 살 필요까지는 없습니다. 수학 학습에서 가장 중요한 것은 모르는 것은 알고 가야 한다는 것이니까요.

특별 부록

대표적인 초중등 수학 문제집

시중에는 여러 개념서, 유형서, 심화서 등이 있습니다. 그중에서도 많이 보는 대표 문제집 위주로 간략하게 정리해두었습니다. 개념서, 유형서, 심화서 교재 구분 없이 필요에 따라 선택할 수 있습니다. 유형서의 높은 단계 문제나 유형서 중 난이도가 높은 문제집은 심화 학습에서 활용할 수 있습니다.

주요 출판사별 대표 초등 수학 문제집

	개념서	유형서	심화서
천재교육	· 수학리더 개념 · 수학리더 기본	· 수학리더 기본+응용 · 수학리더 응용	· 수학리더 최상위 · 최고수준
좋은책 신사고	· 우공비 · 우공비 Q+Q 기본 · 개념 쎈	· 우공비 Q+Q 발전 · 라이트 쎈 · 쎈	· 우공비 Q+Q 발전 · 최상위 쎈
비상교육	· 초등 완자 · 개념+유형 라이트 · 개념+유형 파워		· 개념+유형 최상위 탑
디딤돌	· 디딤돌 초등수학 원리 · 디딤돌 초등수학 기본	· 디딤돌 초등수학 기본+유형 · 디딤돌 초등수학 기본+응용	· 최상위 수학S · 최상위 수학
에듀왕	· 왕수학 기본	· 왕수학 실력	· 점프 왕수학 최상위
동아출판	· 큐브수학 개념	· 큐브수학 S 실력	· 큐브수학 S 심화
EBS	· 만점왕 수학	· 만점왕 수학 플러스	· 만점왕 고난도 · 수학의 자신감
미래엔		· 문제 해결의 길잡이 원리	· 문제 해결의 길잡이 심화

주요 출판사별 대표 중등 수학 문제집

	개념서	유형서	심화서
천재교육	· 체크체크 · 셀파 · 수학의 힘 알파	· 체크체크 유형N제 · 유형 해결의 법칙 · 수학의 힘 베타	· 최고수준 수학 · 수학의 힘 감마
좋은책 신사고	· 개념 쎈 · 우공비	· 쎈 · 라이트 쎈	· 일품 수학 · 우공비 Q+Q 발전
비상교육	· 개념+유형 라이트 · 개념+유형 파워		· 개념+유형 탑 · 최고득점 수학
디딤돌	· 디딤돌 수학 · 투탑 수학	· 최상위 수학 라이트	· 최상위 수학
에이급		· 에이급 원리해설	· 에이급 수학
지학사	· 풍산자 개념완성	· 풍산자 필수유형	
개념원리	· 개념원리	· 개념원리 RPM	
이투스북	· 수학의 바이블		· 고쟁이
그 외	· 숨마쿰라우데(이룸E&B)		· 블랙라벨(진학사)

수학이
쉬운 아이로 키우는
부모의 힘

❶ 부모가 중등 수학을 알아야 아이를 제대로 지도할 수 있다

❷ 중학교 1학년 1학기 수학

❸ 중학교 1학년 2학기 수학

6장 '중1 수학'으로 보는 중학 수학

'중1 수학'으로 보는 중학 수학

1] 부모가 중등 수학을 알아야 아이를 제대로 지도할 수 있다

중학 수학은 갑자기 어려워진다는데 무엇을 배우는 것일까?
왜 초등 수학과는 다르게 공부하는 만큼 실력이 늘지 않는 것일까?
배우는 양이 도대체 얼마나 늘어나는 것일까?

초등학교 때는 수학을 곧잘 한다고 생각했지만, 중학교에 와서는 수학을 포기하고 싶을 만큼 힘들어하거나 좀처럼 실력이 늘지 않는 경우가 많습니다. 이때 보통 부모가 해줄 수 있는 것은 학원이나 과외를 붙여주는 정도입니다.

아이가 초등 수학을 학습할 때를 생각해봅시다. 연산이 부족하면 연산 학습을 추가하거나, 부족한 단원을 복습시키기도 하였습니다. 부족한 영역을 기반으로 사교육을 준비하기도 했습니다. 내 아이의 실력 파악도 어렵지 않았으며, 거기에 맞는 선행과 후행 학습을 계획할 수도 있었습니다. 부족한 것이 무엇인지 알고 계획해주고 도움을 주었습니다. 이는 부모가 이미 배우는 내용의 대부분을 알고 있고, 어떻게 학습해야 하는지 방향을 알고 있기 때문입니다.

하지만 중등 수학에 접어들면 어떤가요? 초등 수학과 비교하면 확장과 깊이의 차이가 확연히 달라집니다. 그러다 보니 아이가 아니라, 부모가 먼저 수학에서 관심을 돌리고 맙니다. 그리고 아이의 수학 교육은 사교육에 맡기는 것이 전부가 됩니다. 더 큰 문제는 아이에 대한 피드백을 받더라도, 어떤 영역이 부족한지 설명해주어도, 걱정은 하지만 도움을 줄 수 없다는 것입니다.

'나도 중등 수학을 모르는데 내가 무슨 역할을 더 할 수 있을까?'

부모님이 중등 수학을 알아야 하는 이유는, 직접 가르치거나 모르는 것을 도와주려는 목적이 아닙니다. 아이가 배우는 것이 무엇인지 알고, 어떤 부분에서 어려움을 겪고 있는지 이해하는 것이 목적이 되어야 합니다.

한 번만 흐름을 잡고 핵심을 파악해두면, 특정 단원을 못한다고 할 경우 살펴야 할 연계 단원과 학년, 앞으로 영향을 줄 단원을 파악하기 쉽습니다.

또, 아이의 학습 상태를 진단하거나 필요한 사교육을 선택하는 것도 수월해집니다.

결국 부모도 알아야 아이와 함께 할 수 있고, 도움을 줄 수 있으며, 계획할 수 있습니다.

'중1 수학'으로 보는 초등 수학과 중학 수학

아이가 중등 수학을 시작하는 시기, 부모가 중등 수학의 전 과정을 살펴볼 기회가 있다면 좋겠지만, 당연히 쉬운 일이 아닐 겁니다. 그렇다면 다음 세 가지에 집중해주시길 바랍니다.

① 중1 수학 과정-1, 2학기 단원별 주요 개념
② 초등 연계 단원
③ 중학교 3년 과정의 흐름

중1 수학은 초등 과정에서 넘어오면서 난이도가 급격하게 높아집니다. 하지만 초등 수학과 아주 밀접하게 연계되는 학년이지요. 중1 과정을 살펴보면 초등 수학을 왜 단단히 해야 하는지, 또 어떻게 준비해야 하는지를 알 수 있습니다. 그뿐만 아니라 중 2, 3학년의 학기별, 단원별 주요 개념과도 연결 지을 수 있어 수학 과목의 전반적인 학습 중점사항을 판단할 수 있습니다.

여기서는 바쁜 부모님들을 위해 학습을 지도하거나 계획하실 때 도움이 될 수 있도록 1, 2학기를 구별하여 중1 수학의 핵심을 간략하게 정리하여 다루어보았습니다. 조금만 시간을 내어 살펴보시길 바랍니다. 꼼꼼하게 학습하여 아이에게 가르쳐주려는 욕심이 아니어도 좋습니다. 이로 인하여 아이의 수학 학습에 대한 이해와 길잡이의 기회가 되길 바랍니다.

초등 수학 학년별 단원

구분		1학년	2학년	3학년	4학년	5학년	6학년
1학기		9까지의 수	세 자리 수	덧셈과 뺄셈	큰 수	자연수의 혼합계산	분수의 나눗셈
		여러 가지 모양	여러 가지 도형	평면도형	곱셈과 나눗셈	약수와 배수	각기둥과 각뿔
		덧셈과 뺄셈	덧셈과 뺄셈	나눗셈	각도와 삼각형	규칙과 대응	소수의 나눗셈
		비교하기	길이 재기	곱셈	분수의 덧셈과 뺄셈	약분과 통분	비와 비율
		50까지의 수	분류하기	시간과 길이	혼합계산	분수의 덧셈과 뺄셈	여러 가지 그래프
			곱셈	분수와 소수	막대그래프	다각형의 둘레와 넓이	직육면체의 겉넓이와 부피
2학기		100까지의 수	네 자리 수	곱셈	소수의 덧셈과 뺄셈	수의 범위와 어림하기	분수의 나눗셈
		덧셈과 뺄셈(1)	곱셈구구	나눗셈	수직과 평행	분수의 곱셈	소수의 나눗셈
		모양과 시각	길이 재기	원	다각형	합동과 대칭	공간과 입체
		덧셈과 뺄셈(2)	시각과 시간	분수	어림하기	소수의 곱셈	비례식과 비례배분
		규칙 찾기	표와 그래프	들이와 무게	꺾은선그래프	직육면체	원의 넓이
		덧셈과 뺄셈(3)	규칙 찾기	자료의 정리	규칙과 대응	평균과 가능성	원기둥, 원뿔, 구

중학 수학 학년별 단원

구분	1학년	2학년	3학년
1학기	소인수분해	유리수와 순환소수	제곱근과 실수
	정수와 유리수	식의 계산	근호를 포함한 식의 계산
	문자의 사용과 식	일차부등식	다항식의 곱셈
	일차방정식	연립일차방정식	인수분해
	좌표와 그래프	일차함수와 그 그래프	이차방정식
	정비례와 반비례	일차함수와 일차방정식의 관계	이차함수와 그 그래프
2학기	기본도형	삼각형의 성질	삼각비
	작도와 합동	사각형의 성질	삼각비의 활용
	다각형	도형의 닮음	원과 직선
	원과 부채꼴	평행선 사이의 선분의 길이의 비	원주각
	다면체와 회전체	경우의 수	산포도
	대푯값	확률	상자그림과 산점도
	도수분포표와 상대도수		

2] 중학교 1학년 1학기 수학

중학교 1학년 1학기 수학 개요

학부모 입장에서는 중학교 1학년 수학이 가장 궁금할 것입니다. 초등 수학과 직접적인 연계가 되어 있다고는 하지만 막상 열어보면 사용하는 용어도 어렵고, 계산도 훨씬 복잡합니다. 접근 방법이나 학습법에서도 큰 차이가 있습니다. '우리 아이가 조금 더 쉽게 접근할 수 없을까'라는 생각이 든다면 먼저 큰 맥락을 짚어보시길 바랍니다.

1학기 수학은 3개의 큰 맥락으로 나누어 흐름을 짚어갈 수 있습니다. 바로 '수 → 식 → 함수'의 순서입니다. (이는 2, 3학년의 1학기 수학도 같습니다.) 이제부터는 이를 세분화하면서 살펴 가면 됩니다.

수를 주로 다루는 1단원은 '자연수'를 시작으로 0과 부호를 갖는 자연수인 '정수'가 도입됩니다. 분수와 소수도 부호를 가지면서 수는 '유리수'로 확장됩니다. 새로운 수를 배우니 사칙연산을 다지는 것은 당연합니다.

식을 다루는 2단원은 '단항식 → 다항식 → 일차식'의 순서로 접근하여 최종 '일차방정식'으로 끝마칩니다. 수의 연산에 이어서 식의 계산 역시 실수가 없도록 충분한 연산 연습을 해야 합니다.

마지막 3단원인 함수에서는 '좌표평면 → 그래프의 이해'의 기본을 바탕으로 '정비례와 반비례'로 함수 맛보기를 합니다.

정리하면 수를 학습한 다음, 수를 기반으로 식을 만들며, 식을 계산하고 이해하면서 그래프로 표현할 수 있게 됩니다. 이렇게 함수까지 이어지는 것입니다. 중학교 1학년 수학이 초등 과정의 어떤 단원과 개념에서 이어지는지, 중학교 2, 3학년의 어떤 내용으로 연결·확장되는지 생각하면서 살펴보면, 수학 학습 계획에 큰 그림이 그려질 것입니다.

중 1-1 단원과 초등 연계 학년 · 단원

중학교 1학년 1학기 단원		초등 연계 학년과 단원
Ⅰ. 수와 연산	소인수분해	5학년 · 약수와 배수 · 최대공약수와 최소공배수
	정수와 유리수	4학년 · 분수, 소수의 덧셈과 뺄셈 5학년 · 자연수의 혼합계산 · 분수의 덧셈과 뺄셈 · 분수, 소수의 곱셈 6학년 · 분수와 소수의 곱셈과 나눗셈
Ⅱ. 문자와 식	문자의 사용과 식	2학년 · □를 사용한 식
	일차방정식	6학년 · 비와 비율
Ⅲ. 좌표평면과 그래프	좌표와 그래프	5학년 · 규칙과 대응
	정비례와 반비례	

Ⅰ. 수와 연산 - 1. 소인수분해

중학교 수학의 시작은 수 중에서도 자연수(1, 2, 3, 4, 5, …)입니다. 자연수는 이미 잘 알고 있고, 그동안 잘 사용해 온 익숙한 수입니다. 이러한 자연수를 약수의 개수에 따라 분류하여 자연수에서의 소수를 먼저 배웁니다. 1과 자기 자신만을 약수로 갖는 소수로 자연수를 소인수분해하고, 소인수분해를 이용하여 최대공약수와 최소공배수를 구하기도 하지요.

<u>1) 1과 소수와 합성수 - 자연수를 약수의 개수에 따라 분류</u>

자연수는 약수를 1개 갖는 '1', 약수를 2개 갖는 '소수', 약수를 3개 이상 갖는 '합성수'로 구분합니다. 이때 배우는 자연수에서의 소수(素數)는 초등 수학에서 배운 0.1과 같은 소수(小數)가 아닙니다. 1과 자기 자신만을 약수로 가지며, 다른 자연수와 공통인 약수가 '1' 뿐이기 때문에 그 역할이 큽니다. 소수는 소인수분해, 서로소 등의 개념으로 이어집니다.

```
                 ┌── 약수가 1개 → 1
      자연수 ────┼── 약수가 2개 → 소수 (2, 3, 5, 7, 11, …)
                 └── 약수가 3개 이상 → 합성수 (4, 6, 8, 9, 10, 12, …)
```

<u>2) 자연수의 소인수분해</u>

소인수분해란 자연수를 소수인 인수(약수)로 분해하여 곱으로 나타내는 것을 말합니다. 초등 과정에서 배웠던 자연수의 최대공약수와 최소공배수를 소인수분해를 이용하여 다시 구하기도 하며, 소인수분해가 된 자연수로

약수와 배수의 개념을 그릴 수도 있습니다.

이 개념은 수에서만 끝나지 않습니다. '중 3-1, 인수분해'로 연결되어 다항식을 분해하고 약수와 배수의 관계를 생각해보아야 합니다.

60을 소인수분해하면
∴ $60 = 2^2 \times 3 \times 5$

나누어 떨어지는
소수로 나눈다.

$$\begin{array}{r|l} 2 & 60 \\ 2 & 30 \\ 3 & 15 \\ & 5 \end{array}$$

→ 몫이 소수가 될 때까지 나눈다.

> **중등 연계 : 중 3-1, 인수분해**

자연수에만 약수가 있는 것이 아닙니다. 다항식에서도 약수 즉, 인수를 생각할 수 있습니다. 하나의 다항식을 두 개 이상의 다항식의 곱으로 나타낼 때, 곱해진 각각의 식이 인수 입니다. 인수분해는 단순히 식을 변형하는 것이 아닙니다. 다항식의 약수를 생각할 수 있는 식의 변형인 셈입니다. 예) $x^2 + 3x + 2 = (x+1)(x+2)$

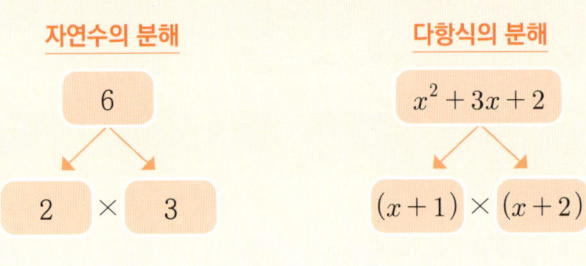

자연수의 분해

6 → 2 × 3

다항식의 분해

$x^2 + 3x + 2$ → $(x+1) \times (x+2)$

Ⅰ. 수와 연산 - 2. 정수와 유리수

중1 수학에 들어서면서 자연수는 양의 부호(+)와 음의 부호(−)를 갖게 됩니다. 여기에 0을 포함하면 정수가 되고, 분수와 소수를 포함하면 유리수가 됩니다. 이렇게 수가 확장되어 갑니다.

사실 마이너스(−) 개념은 실생활에서도 접하던 터라 큰 거부감은 없습니다. 단지 수가 확장되기에, 사칙연산이 반드시 동반되어야 합니다. 계산 방법을 알고 연습하는 시간을 충분히 가져야 합니다.

유리수의 사칙연산을 간단하게 설명하면 '뺄셈은 덧셈으로, 나눗셈은 곱셈으로' 바꾸어 계산할 수 있습니다. 따라서 덧셈과 곱셈은 원리를 기반으로 부호에 유의하면서 유리수의 사칙연산을 준비합니다. 연산이 안된다면 문자를 포함한 식의 계산도 어려울 수밖에 없음을 유의하시기 바랍니다.

1) 정수와 유리수(유리수의 체계)

중학교 3년 동안 배우게 되는 수의 체계는 다음과 같습니다. 중1 때 부호를 갖는 수를 통하여 유리수로 확장합니다. 중2 과정에서는 순환소수를 통하여 유리수를 정비합니다. 중3 과정에서는 무리수를 추가하여 실제로 존재하는 수인 '실수'의 체계를 완성합니다.

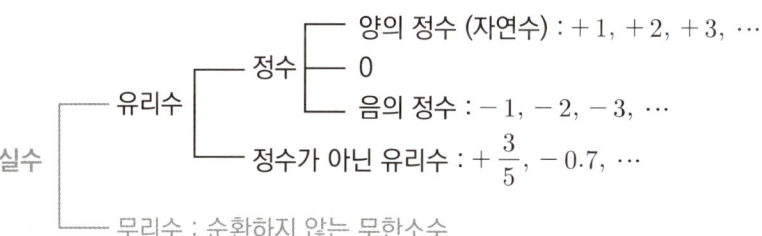

2) 절댓값과 수의 대소관계

'수직선 위의 원점에서 어떤 수를 나타내는 점까지의 거리'를 절댓값이라 하고, 기호 '| |'를 사용하여 나타냅니다. 절댓값은 수의 대소관계를 이해하는 데 기본 개념이 됩니다. 절댓값에서 주의할 점은, 수의 절댓값을 단순하게 '부호를 뗀 수'로 이해하고 넘어가지 않아야 합니다. 이런 경우 나중에 문자를 포함한 식의 절댓값을 이해하지 못합니다. 절댓값의 개념을 확실하게 하도록 합니다.

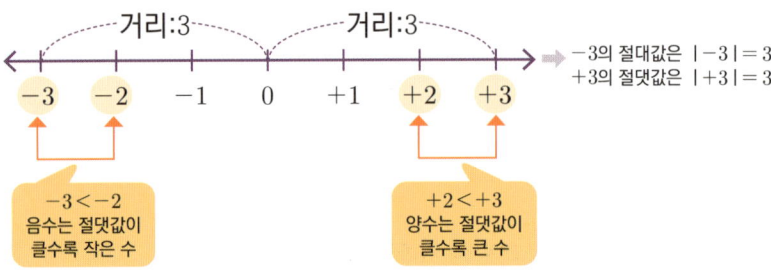

3) 유리수의 덧셈·뺄셈

유리수의 덧셈 방법은 다음과 같습니다. 수직선을 통하여 과정을 이해하고, 절댓값의 개념을 기반으로 덧셈 연습을 충분히 해야 합니다.

① 부호가 같은 두 수의 덧셈은 절댓값의 합에 공통인 부호를 붙인다.

② 부호가 다른 두 수의 덧셈은 절댓값의 차에 절댓값이 큰 수의 부호를 붙인다.

참고 유리수의 뺄셈은 빼는 수의 부호를 바꾸어 덧셈으로 고쳐서 계산할 수 있습니다. 예 $(-2)-(+3)=(-2)+(-3)=-5$

4) 유리수의 곱셈·나눗셈

유리수의 곱셈 방법은 다음과 같습니다.

① 부호가 같은 두 수의 곱셈은 절댓값의 곱에 양의 부호(+)를 붙인다.

$$(-2) \times (-3) = +(2 \times 3) = +6$$

② 부호가 다른 두 수의 곱셈은 절댓값의 곱에 음의 부호(-)를 붙인다.

$$(-2) \times (+3) = -(2 \times 3) = -6$$

이때, 아이들은 음수와 음수의 곱이 양수가 되는 것을 신기하게 생각하면서도 이해하지 못합니다. 다음 구구단의 원리를 기반으로 부호 결정 과정을 이해하게 해주세요.

i) $(+3) \times (+2) = +6$
$(+3) \times (+1) = +3$
$(+3) \times 0 = 0$
$(+3) \times (-1) = -3$
$(+3) \times (-2) = -6$

ii) $(-2) \times (+3) = -6$
$(-2) \times (+2) = -4$
$(-2) \times (+1) = -2$
$(-2) \times 0 = 0$
$(-2) \times (-1) = +2$

1씩 작아지면 / 3씩 작아진다
1씩 작아지면 / 2씩 커진다

참고 유리수의 나눗셈은 나누는 수의 역수를 곱하여 계산할 수 있습니다. 나눗셈의 부호는 곱셈에서의 부호와 같습니다.

예) $(-15) \div (-\dfrac{5}{2}) = +(15 \times \dfrac{2}{5}) = +6$

➡ 중등 연계 : 중 2-1, 순환소수와 유리수

유리수는 '$\dfrac{(정수)}{(0이\ 아닌\ 정수)}$' 꼴, 즉 분수로 나타낼 수 있는 수'입니다.
이때, 소수점 아래 0이 아닌 숫자가 유한 번 나타나는 유한소수는 분수로 나타내는 데 어려움이 없는 유리수입니다. 하지만 소수점 아래 0이 아닌 숫자가 무한 번 나타나는 무한소수는 과연 분수로 나타낼 수 있을까요?

무한소수 중에서 소수점 아래의 어떤 자리에서부터 일정한 숫자의 배열이 한없이 되풀이되는 순환소수의 경우, 분수로 나타낼 수 있습니다. 무한소수인 순환소수가 등식의 성질을 이용하여 분수로 나타낼 수 있음을 확인하고 유리수의 체계를 완성합니다.

예) 순환소수 $0.3333\cdots$을 분수로 나타내면
 i) $0.3333\cdots$을 x라 한다 ➡ $x = 0.3333\cdots$
 ii) 양변에 10을 곱한다 ➡ $10x = 3.3333\cdots$
 iii) ii)의 식과 i)의 식을 변끼리 빼서 x를 구한다

$$\begin{array}{r} 10x = 3.3333\cdots \\ -\underline{x = 0.3333\cdots} \\ 9x = 3 \end{array} \qquad \therefore x = \frac{3}{9} = \frac{1}{3}$$

➡ 중등 연계 : 중 3-1, 제곱근과 무리수

어떤 수 x를 제곱하여 a가 될 때, 즉 $x^2 = a$ (단, $a \geq 0$)에서 x는 a의 제곱근이라 합니다. 제곱근(根: 뿌리 근)은 글자 그대로, 제곱 나무에서 뿌리 x를 제곱하면 열매 a가 된다고 생각하면 쉽습니다. 제곱근을 유리수에서 찾을 수 없다면 $\sqrt{}$ (루트)를 사용하여 나타낼 수 있습니다.

➡ $(-2)^2 = 4, (+2)^2 = 4$ ➡ $(-\sqrt{3})^2 = 3, (+\sqrt{3})^2 = 3$

이때, $\sqrt{3}$은 $0.732050\cdots$의 값을 갖는 순환하지 않는 무한소수이고, 이를 무리수라고 합니다. 이렇게 중 1, 2 과정에서 사용했던 수인 유리수와 이 무리수가 합쳐져 실제로 존재하는 실수가 완성되는 것입니다.

I. 수와 연산 체크리스트

단원에 대한 이해가 충분했는지, 학습을 마친 자녀와 함께 핵심을 체크해봅니다.

	1단원 마무리 체크	확인 체크 (v)
1	소수, 합성수, 소인수, 서로소 등의 용어를 정확하게 안다.	
2	소인수분해를 이용하여 약수와 그 개수를 구하는 원리를 안다.	
3	수의 체계(유리수, 정수, 정수가 아닌 유리수 등)에 대한 이해가 충분하다.	
4	정수와 유리수의 계산에서 부호 결정에 실수가 없다.	
5	부호가 생략된 유리수의 계산도 익숙하게 할 수 있다.	
6	정수와 유리수의 혼합계산 연산 연습이 충분하다.	

II. 문자와 식 - 1. 문자의 사용과 식

중등 수학이 초등 수학과 다른 것 중 하나는 문자의 사용입니다. 그동안은 모르는 수를 □, △ 등을 이용해서 표현했다면, 중학교 1학년부터는 a, b, x, y 등과 같은 문자를 사용하여 식으로 나타냅니다. 이때 가장 큰 변화는 수와 문자, 문자와 문자의 곱에서 곱셈 기호(×)가 생략된다는 점입니다. 그러므로 문자를 사용한 식, 곱셈 기호의 생략 과정 등에서 알아두어야 할 약속과 용어들을 먼저 살피는 것이 중요합니다.

1) 단항식과 다항식에 관한 용어

계산이 주가 되는 단원이라고 계산에만 집중해서는 안됩니다. 사용되는 기본 용어들이 헷갈리지 않도록, 다음 용어를 정확히 익히는 것으로 시작합니다.

- 항: 수 또는 문자의 곱으로 이루어진 식
- 상수항: 수로만 이루어진 항
- 계수: 수와 문자의 곱으로 이루어진 항에서 문자 앞에 곱해진 수
- 단항식: 한 개의 항으로만 이루어진 식
  예) $-3y$
- 다항식: 한 개 이상의 항의 합으로 이루어진 식
  예) $x^2 - 3y + \frac{1}{2}$
- 차수: 항에서 문자가 곱해진 개수
  예) x^2 의 차수는 2
- 동류항: 문자와 차수가 모두 같은 항
  예) x^2 과 $-3x^2$

> 예
>
> 다항식 $x^2 - 3y + \frac{1}{2}$에서
> 항: $x^2, -3y, +\frac{1}{2}$
> 상수항: $+\frac{1}{2}$
> x^2의 계수: 1
> y의 계수: -3

2) '단항식과 수'의 곱셈과 나눗셈

단항식은 수 또는 문자의 곱으로 이루어진 식입니다. 생략된 곱셈기호를 살려보면 이해가 쉽습니다. 단항식과 수의 곱셈은 '수는 수끼리 곱'하고 문자는 곱셈기호를 생략하여 뒤에 붙입니다.

① (단항식)×(수), (수)×(단항식): 수끼리 곱하여 문자 앞에 씁니다.

$$2a \times (-3) = 2 \times a \times (-3) = \{2 \times (-3)\} \times a = -6a$$
수끼리 계산

② (단항식)÷(수): 나누는 수의 역수를 곱하여 계산합니다.

$$15a \div 3 = 15 \times a \times \frac{1}{3} = (15 \times \frac{1}{3}) \times a = 5a$$
역수의 곱   수끼리 계산

3) '일차식과 수'의 곱셈과 나눗셈

잠깐 '$43 \times 27 + 57 \times 27$'을 계산해봅시다. 혹시, 종이와 연필 없이도 암산이 가능할까요? 만약 초콜릿이 27개가 들어있는 상자가 43상자와 57상자가 있다면 총 100상자가 되고, 초콜릿의 총 개수는 $100 \times 27 = 2700$(개)가 될 것입니다.

이 과정을 식으로 나타내면 $43 \times 27 + 57 \times 27 = (43 + 57) \times 27 = 100 \times 27 = 2700$ 이 되는데, 이게 바로 분배법칙입니다. 분배법칙은 수의 계산에서뿐 아니라 식의 계산에서도 중요하게 쓰입니다. 다음 '일차식과 수'의 곱셈과 나눗셈의 방법이 되지요.

① (일차식)×(수), (수)×(일차식): 분배법칙 이용, 일차식의 각 항에 수를 곱하여 계산합니다.

$$-3(2x+1) = (-3) \times 2x + (-3) \times 1 = -6x - 3$$

② (일차식)÷(수): 분배법칙 이용, 나누는 수의 역수를 일차식의 각 항에 곱하여 계산합니다.

$$(6x-4) \div \frac{2}{5} = (6x-4) \times \frac{5}{2} = 6x \times \frac{5}{2} - 4 \times \frac{5}{2} = 15x - 10$$

역수의 곱

4) 일차식의 덧셈과 뺄셈

다음 동류항의 덧셈과 뺄셈 또는 일차식의 덧셈과 뺄셈의 원리 역시 분배법칙입니다.

① 동류항의 덧셈과 뺄셈: 동류항끼리 계수를 더하거나 빼서 문자를 곱하여 계산합니다.

$$11a + 4b - 7a - b = (11-7)a + (4-1)b = 4a + 3b$$

② 일차식의 덧셈과 뺄셈 : 괄호는 분배법칙을 이용하여 푼 후, 동류항끼리 계산합니다.

$$-(3x-2) + 5(x+1) = -3x + 2 + 5x + 5$$
$$= (-3+5)x + (2+5)$$
$$= 2x + 7$$

➡ 중등 연계 : 중 2-1, 단항식, 다항식의 계산

1학년의 단항식, 다항식의 계산에 이어, 2학년에서도 식의 계산이 이어집니다. 다음 단항식의 곱셈과 나눗셈은 지수법칙을, 다항식과 단항식의 곱셈과 나눗셈은 분배법칙을 이용합니다. 어려운 단원은 아니나, 실수가 정말 많은 단원입니다. 약분 과정에서 부호나 지수의 실수가 없도록 하며 혼합계산까지 충분히 연습하고, 연산에 부족함이 있다면 더 늦기 전에 과감하게 초등 연산이나 중학교 1학년 식의 계산을 복습하도록 합니다.

① 단항식의 곱셈·나눗셈

: (나눗셈은 곱셈으로 바꾸고) 수는 수끼리 문자는 문자끼리 곱

$$(-3a^2b) \div ab = (-3a^2b) \times \frac{1}{ab} = \frac{(-3) \times a^{\cancel{2}} \times \cancel{b}}{\cancel{a} \times \cancel{b}} = -3a$$

② 다항식과 단항식의 곱셈·나눗셈

: (나눗셈은 곱셈으로 바꾸고) 분배법칙을 이용

$$(2a^2b + 3ab^3) \div (-\frac{ab}{2}) = (2a^2b + 3ab^3) \times (-\frac{2}{ab})$$

$$= 2a^{\cancel{2}}\cancel{b} \times (-\frac{2}{\cancel{ab}}) + 3\cancel{a}b^{\cancel{3}2} \times (-\frac{2}{\cancel{a}\cancel{b}})$$

$$= -4a - 6b^2$$

Ⅱ. 문자와 식 – 2. 일차방정식

다음과 같이 1학년은 미지수가 1개인 일차방정식, 2학년은 미지수가 2개인 일차방정식, 3학년은 이차방정식을 배우게 됩니다. 중학교 3년 과정에서 배우는 방정식을 통하여 미지수의 개수와 차수의 변화에 따른 풀이 방법과 해를 고민해볼 수 있습니다.

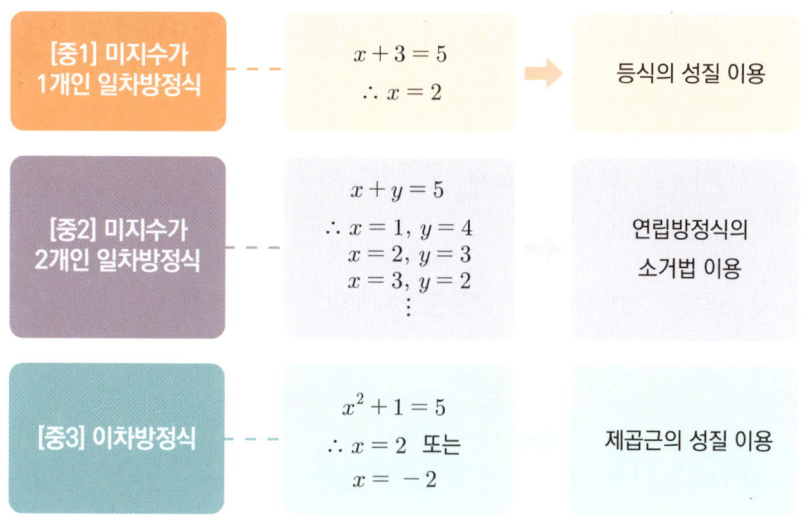

그럼 방정식은 무엇일까요? 방정식이란 미지수의 값에 따라 참이 되거나 거짓이 되는 등식을 말합니다. 참이 되게 하는 미지수의 값을 방정식의 해 또는 근이라고 합니다. 방정식에서 중요한 것은 이 참이 되는 미지수의 값을 구하는 것입니다. 이때 무작정 수많은 수를 일일이 대입해 볼 수는 없겠지요. 그래서 다음과 같이 등식의 성질을 이용하여 일차방정식의 해를 구합니다.

1) 등식의 성질이란?

등호(=)를 사용하여 수나 식이 같음을 나타낸 식을 등식이라 합니다. 등식은 다음 4개의 성질이 성립하며, 이를 이용하여 일차방정식을 풉니다. 양팔 저울의 양쪽에 같은 수만큼 똑같이 더하거나 뺀다고 생각하면 이해하기 쉽습니다.

① 등식의 양변에 같은 수를 더해도 등식은 성립

➡ $a=b$ 이면 $a+5=b+5$

② 등식의 양변에 같은 수를 빼도 등식은 성립

➡ $a=b$ 이면 $a-3=b-3$

③ 등식의 양변에 같은 수를 곱해도 등식은 성립

➡ $a=b$ 이면 $a\times 2=b\times 2$

④ 등식의 양변을 0이 아닌 같은 수로 나누어도 등식은 성립

➡ $a=b$ 이면 $\dfrac{a}{4}=\dfrac{b}{4}$ (또는 $a\div 4=b\div 4$)

2) 등식의 성질을 이용하여 일차방정식 풀기

초등학교 저학년 아이들에게 덧셈, 뺄셈을 가르치다보면 살짝 욕심을 가질 때가 있습니다. '이항을 가르칠까? 말까?' 하는 욕심입니다.

이항은 중학교 1학년 '등식의 성질①' 또는 '등식의 성질②'를 원리로 하며, 등식에서 한 변에 있는 항을 부호를 바꾸어 다른 변에 옮기는 것입니다. 그러다 보니 순서상 덧셈, 뺄셈 식에서 수의 관계를 충분히 이해하는 것이 먼저가 되어야 합니다. 이항은 등식의 개념과 성질을 알고 적용해도 늦지 않습니다.

$3x - 8 = 7$에서 ― 이항

$3x - 8 + 8 = 7 + 8$ ← 양변에 8을 더한다.

$3x = 15$

$\dfrac{3x}{3} = \dfrac{15}{3}$ ← 양변을 3으로 나눈다.

$\therefore x = 5$

3) 일차방정식의 활용

1학기 수학의 빌런 단원을 꼽자면 일차방정식의 활용이 아닐까 합니다. 방정식을 잘 풀 수 있다고 하여 활용을 잘할 수 있는 것은 아닙니다.

활용이 어려운 이유는 유형이 많기 때문입니다. 대표적인 유형만 나열하여 보아도 '연속하는 수, 나이, 자리의 숫자, 과부족, 원가·정가, 증가·감소, 시계, 일, 도형, 거리·속력·시간, 농도 등'과 같이 다양합니다. 심지어 한 대표 유형은 여러 세부 유형을 만들기도 합니다.

대표 유형 중 '거리·속력·시간'의 경우는 '속력이 바뀌는 문제, 시간 차이가 나는 출발, 강물과 보트의 속력, 터널을 통과하는 기차, 호수 한 바퀴를 도는 두 사람'과 같은 세부 유형으로 나뉘어지고, 각 유형마다 다른 풀이 방식을 알아두어야 합니다.

──── 활용에서 다루는 거리, 속력, 시간 공식 ────

(거리) = (속력) × (시간)   (속력) = $\dfrac{(거리)}{(시간)}$ (시간) = $\dfrac{(거리)}{(속력)}$

일차방정식의 활용은 2학년의 연립일차방정식, 일차부등식의 활용에서 같은 유형을 다시 반복하므로, 어렵다고 대충 하고 넘어간다면 수포자의 길로 빠져들 수 있다는 점을 명심하시길 바랍니다.

그림 다음 문제를 통하여 활용의 접근과 풀이 과정을 살펴보겠습니다. 표나 그림을 그려보면 문제 이해나 풀이를 만들어가는 것이 수월해집니다.

> 예제) 집에서 2km 떨어진 학교까지 가는데 처음에는 시속 2km로 걷다가 도중에 시속 6km로 뛰어서 총 40분이 걸렸다. 이때, 걸어간 거리와 뛰어간 거리를 각각 구하시오.

STEP1. 미지수 정하기

전체 $2km$에서 걸어간 거리를 xkm, 뛰어간 거리는 $(2-x)km$ 라 하면

	걸어갈 때	뛰어갈 때
거리	xkm	$(2-x)km$
속력	시속 $2km$	시속 $6km$
시간	$\dfrac{x}{2}$ 시간	$\dfrac{2-x}{6}$ 시간

STEP2. 일차방정식 세우기

(걸어간 시간) + (뛰어간 시간) = $\dfrac{40}{60}$ (시간)이므로 $\dfrac{x}{2} + \dfrac{2-x}{6} = \dfrac{40}{60}$

STEP3. 일차방정식 풀기

양변에 6을 곱하면
$3x + (2-x) = 4$, $2x = 2$ ∴ $x = 1$

STEP4. 답 구하기

이때, 걸어간 거리는 $1km$, 뛰어간 거리는 $1km$이다.

➡ 중등 연계 : 중 2-1, 연립일차방정식

1학년 일차방정식에서는 식 하나에 미지수가 1개였다면, 2학년이 되면 미지수가 2개로 늘어나게 됩니다. 그럼 어떻게 접근해야 하는 걸까요?

$x + 3 = 5$와 같은 미지수가 1개인 일차방정식은 $x = 2$와 같이 해를 쉽게 구할 수 있습니다. 하지만 미지수가 2개인 일차방정식의 해는 무수히 많습니다. $x - y = 5$의 경우 정수인 해만 생각해보아도 (6, 1), (5, 0), (4, -1), ···과 같습니다.

그래서 미지수가 2개인 두 일차방정식을 한 쌍으로 묶어 연립방정식이라 하고, 공통으로 만족하는 해를 찾습니다. 풀이의 방법은 2개의 미지수 중 하나를 소거하고 남은 하나의 미지수 값을 구하는 소거법을 이용합니다.

다음은 소거법 중 대입법을 이용하여 연립방정식의 해를 구해보았습니다.

$$\begin{cases} 3x + y = 11 & \cdots \ \text{㉠} \\ x + y = 5 & \cdots \ \text{㉡} \end{cases}$$

㉡의 식을 $y = 5 - x$로 정리하여 ㉠의 식에 y를 대입하면
$3x + (5 - x) = 11$, $2x = 6$ $\therefore x = 3$
따라서, $x = 3$ 을 ㉡의 식에 대입하면 $\therefore y = 2$

➡ 중등 연계 : 중 3-1, 이차방정식

1학년 x에 대한 일차방정식에서 하나의 x의 값을 구했다면, 3학년 x에 대한 이차방정식에서는 두 개의 x의 값을 생각해보아야 합니다. 이차방정식 $ax^2 + bx + c = 0$(a, b, c는 상수)의 좌변이 인수분해가 되면 인수분해를 이용하여 해를 구할 수 있으며, 인수분해가 되지 않는다면 제곱근의 원리를 이용하여 해를 구할 수 있습니다.
그리고 이 과정에서 이차방정식의 해를 구하는 근의 공식이 만들어집니다.

- x에 대한 이차방정식 $ax^2 + bx + c = 0$에서 $x = \dfrac{-b \pm \sqrt{b^2 - 4ac}}{2a}$

Ⅱ. 문자와 식 체크리스트

단원에 대한 이해가 충분했는지, 학습을 마친 자녀와 함께 핵심을 체크해봅니다.

	2단원 마무리 체크	확인 체크 (ⅴ)
1	다항식에서 항, 상수항, 계수, 차수 등을 정확히 구분하여 안다.	
2	단항식과 수의 곱셈과 나눗셈 계산을 충분히 연습하였다.	
3	일차식과 수의 곱셈과 나눗셈 계산을 충분히 연습하였다.	
4	일차식(동류항)의 덧셈과 뺄셈 계산을 충분히 연습하였다.	
5	괄호가 쓰이거나 분수 꼴의 복잡한 일차식의 덧셈과 뺄셈 계산도 충분히 연습하였다.	
6	일차방정식 활용 문제의 풀이를 서술하여 풀어보았다.	
7	일차방정식 활용의 다양한 대표 유형을 모두 접해보았다.	

Ⅲ. 좌표평면과 그래프 - 좌표와 그래프, 정비례와 반비례

이제 함수의 기본이 시작되는 단원입니다. 주어지는 그래프를 해석할 수 있고, 주어지는 조건이나 식으로 그래프를 그리는 것이 이 단원의 주된 학습 목표입니다.

먼저 평면 위에 점의 위치를 순서쌍으로 나타내고, 좌표평면 위의 점이나 점이 모인 선의 형태로 그래프를 그리게 됩니다. 물론 함수를 본격적으로 정의하는 것은 2학년 일차함수 단원이기는 합니다. 하지만 중1 때 정비례와 반비례 관계를 통해 그래프를 그려보고, 그 성질을 이해하는 것에서 사실상 함수가 시작되는 것이지요.

1) 좌표평면과 사분면

좌표평면은 두 좌표축(x축, y축)이 그려져 있는 평면이고, 좌표평면 위의 점의 좌표는 순서쌍으로 나타낼 수 있습니다. 좌표평면은 좌표축에 의하여 네 부분으로 나누어집니다.

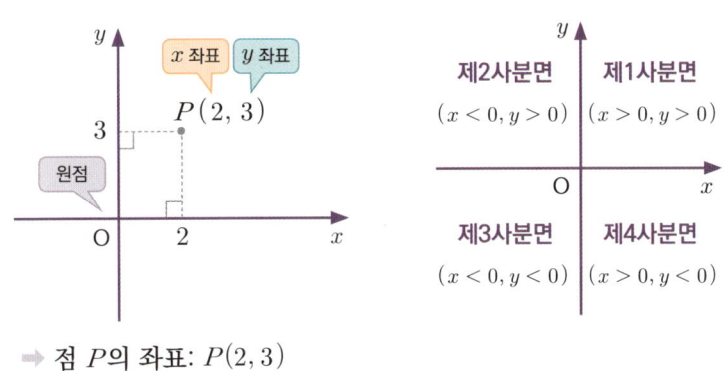

➡ 점 P의 좌표: $P(2,3)$

2) 정비례 관계와 그 그래프

두 변수 x, y에 대하여 x의 값이 2배, 3배, 4배로 변함에 따라 y의 값도 2배, 3배, 4배로 변하는 관계를 'y는 x에 정비례한다'라고 합니다. 정비례 관계식은 $y = ax \ (a \neq 0)$로, $a > 0$인 그래프와 $a < 0$인 그래프를 각각 그려보면서 그 성질을 살펴보아야 합니다.

다음 표에서 순서쌍 x, y를 좌표로 하는 점을 좌표평면 위에 나타내고, x의 값이 수 전체일 때 그래프를 점을 연결한 직선의 그래프로 그려봅니다.

─── 정비례 관계 $y = ax \ (a \neq 0)$의 그래프 ───

① $y = 2x$의 그래프를 직접 그려보세요.

x	-3	-2	-1	0	$+1$	$+2$	$+3$
y	-6	-4	-2	0	$+2$	$+4$	$+6$

② $y = -2x$의 그래프를 직접 그려보세요.

x	-3	-2	-1	0	$+1$	$+2$	$+3$
y	$+6$	$+4$	$+2$	0	-2	-4	-6

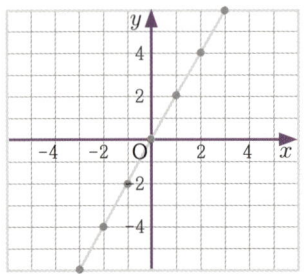
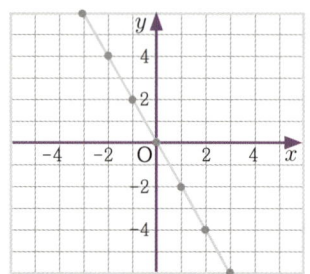

─── [정비례 관계 $y = ax \ (a \neq 0)$ 그래프의 성질] : 원점을 지나는 직선의 그래프 ───

	$a > 0$	$a < 0$
그래프 모양	오른쪽 위로 향하는 직선	오른쪽 아래로 향하는 직선
지나는 사분면	제1사분면, 제3사분면	제2사분면, 제4사분면
증가, 감소	x의 값이 증가하면 y의 값도 증가	x의 값이 증가하면 y의 값은 감소

3) 반비례 관계와 그 그래프

두 변수 x, y에 대하여 x의 값이 2배, 3배, 4배로 변함에 따라 y의 값이 $\frac{1}{2}$배, $\frac{1}{3}$배, $\frac{1}{4}$배로 변하는 관계를 'y는 x에 반비례한다'라고 합니다. 반비례 관계식은 $y = \frac{a}{x} \ (a \neq 0)$로, $a > 0$인 그래프와 $a < 0$인 그래프를 각각 그려 보면서 성질을 살펴보아야 합니다.

다음 표에서 순서쌍 x, y를 좌표로 하는 점을 좌표평면 위에 나타내고, x

의 값이 0이 아닌 수 전체일 때 그래프를 점을 연결한 곡선의 그래프로 그려봅니다.

─────── **반비례 관계 $y = \dfrac{a}{x}\ (a \neq 0)$의 그래프** ───────

① $y = \dfrac{6}{x}$의 그래프를 직접 그려보세요.

x	-6	-3	-2	-1	$+1$	$+2$	$+3$	$+6$
y	-1	-2	-3	-6	$+6$	$+3$	$+2$	$+1$

② $y = -\dfrac{6}{x}$의 그래프를 직접 그려보세요.

x	-6	-3	-2	-1	$+1$	$+2$	$+3$	$+6$
y	$+1$	$+2$	$+3$	$+6$	-6	-3	-2	-1

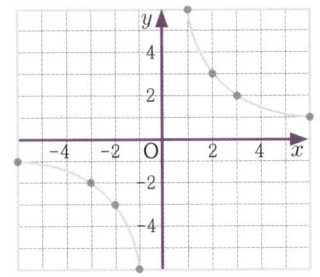
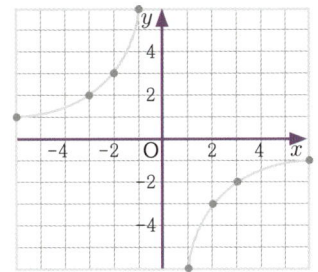

─ [**반비례 관계 $y = \dfrac{a}{x}\ (a \neq 0)$ 그래프의 성질**] : 원점에 대칭인 한 쌍의 곡선의 그래프 ─

	$a > 0$	$a < 0$
지나는 사분면	제1사분면, 제3사분면	제2사분면, 제4사분면
증가, 감소	x의 값이 증가하면 y의 값은 감소	x의 값이 증가하면 y의 값도 증가

> 중등 연계 : 중 2-1, 일차함수

함수를 쉽게 설명하면, x의 값에 따라 y의 값이 하나가 나오는 관계를 말합니다. 만약 x의 값에 따라 y의 값이 나오지 않거나, 2개 이상의 값이 나오면 함수가 아닙니다.

이 함수를 잘하는 비법은 간단합니다. 함수의 식으로 그래프를 그리고, 반대로 주어진 조건이나 그래프로 함수의 식을 만드는 것에 익숙해지는 것입니다.

다음 일차함수 $y = ax + b(a,\ b$는 상수, $a \neq 0)$의 그래프는 1학년에서 배운 $y = ax$의 그래프를 y축 방향으로 b만큼 평행이동하여 그래프로 나타낼 수 있습니다.

• $y = 2x$의 그래프를 이용하여 $y = 2x + 3$를 그려보세요

x	-3	-2	-1	0	$+1$	$+2$	$+3$
$y = 2x$	-6	-4	-2	0	$+2$	$+4$	$+6$
$y = 2x + 3$	-3	-1	$+1$	$+3$	$+5$	$+7$	$+9$

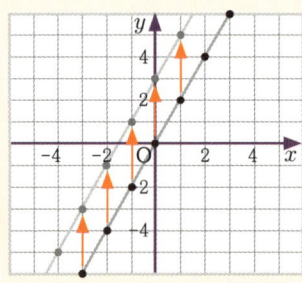

➡ $y = 2x + 3$의 그래프는 $y = 2x$의 그래프를 y축의 방향으로 $+3$만큼 평행이동한 그래프이다.

> 중등 연계 : 중 3-1, 이차함수

일차함수의 그래프가 직선이었다면, 이차함수의 그래프는 한 번 휘어진 곡선입니다. 다음 이차함수 $y = ax^2 + bx + c$(a, b, c는 상수, $a \neq 0$)의 그래프를 이차함수 $y = ax^2$의 그래프를 통하여 살펴보도록 하겠습니다.

① $y = 2x^2$의 그래프를 직접 그려보세요.

x	-3	-2	-1	0	$+1$	$+2$	$+3$
y	$+18$	$+8$	$+2$	0	$+2$	$+8$	$+18$

② $y = -2x^2$의 그래프를 직접 그려보세요.

x	-3	-2	-1	0	$+1$	$+2$	$+3$
y	-18	-8	-2	0	-2	-8	-18

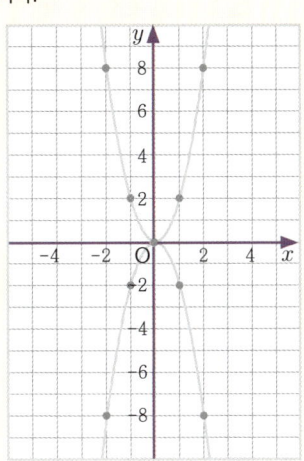

Ⅲ. 좌표평면과 그래프 체크리스트

단원에 대한 이해가 충분했는지, 학습을 마친 자녀와 함께 핵심을 체크해봅니다.

	3단원 마무리 체크	확인 체크 (∨)
1	좌표평면과 좌표평면 위의 점의 좌표에 대한 이해가 충분하다.	
2	다양한 그래프를 이해하고 해석할 수 있다.	
3	정비례·반비례 관계식이 주어지면 그래프를 그릴 수 있다.	
4	정비례·반비례 관계의 그래프가 주어지면 그 성질을 이해한다.	

3) 중학교 1학년 2학기 수학

중학교 1학년 2학기 수학 개요

한 학기 학습이 마무리되어 적응할 때쯤, 새로운 영역의 2학기 학습이 시작됩니다. 앞서 몇 번 이야기했지만, 중학교 수학은 1학기와 2학기의 학습 영역이 다릅니다. 수, 식, 그래프에 강했던 아이들이 2학기 도형 영역에서 무너지는 경우도 많습니다. 그나마 1학년 2학기 과정은 초등 과정의 연장선으로 '복습과 확장' 정도이기는 합니다. 하지만 2학년 2학기부터는 기본 도형을 넘어 익숙하지 않은 정의, 정리, 증명, 도형의 성질을 기반으로 한 학습이 시작되기 때문에 어려울 수밖에 없습니다. 수학을 진짜 잘하는 아이는 도형·기하를 다루는 2학기 수학을 잘하는 아이라는 이야기가 나올 정도이지요.

따라서 1학년 2학기 과정을 통해 초등 수학을 복습하고 확장하며, 본격적인 도형·기하의 기본을 다지도록 합니다.

1학년 2학기 과정은 '도형의 기초 → 평면도형 → 입체도형'의 순서로 도형 학습이 진행되며 마지막에 '통계' 단원이 등장합니다.

중 1-2 단원과 초등 연계 학년과 단원

중학교 1학년 2학기 단원		초등 연계 학년과 단원
Ⅰ. 도형의 기초	기본 도형	3학년 · 선의 종류 4학년 · 각의 종류 · 수직과 수선 · 평행과 평행선
	작도와 합동	4학년 · 삼각형 5학년 · 합동인 도형
Ⅱ. 평면도형과 입체도형	다각형, 원과 부채꼴	4학년 · 다각형 6학년 · 원주와 원의 넓이
	다면체와 회전체	5학년 · 직육면체 6학년 · 각기둥과 각뿔 · 원기둥, 원뿔, 구 · 직육면체의 부피와 겉넓이
Ⅲ. 통계	대푯값, 줄기와 잎 그림, 도수분포표	3학년 · 자료의 정리
	히스토그램과 도수분포다각형	4학년 · 막대그래프, 꺾은선그래프
	상대도수	2학년 · 비와 비율 · 띠그래프와 원그래프

Ⅰ. 도형의 기초 - 1. 기본 도형

도형을 구성하는 기본 요소는 점, 선, 면입니다(점이 움직인 자리는 선이 되고, 선이 움직인 자리는 면이 됩니다). 점, 선, 면으로 도형 영역의 기초가 시작됩니다. 그 내용을 상세히 들여다보면 선의 종류, 각의 종류, 수직과 수선, 평행, 합동 등 초등 수학에서 다루었던 내용이 상당 부분 반복되는 것을 알 수 있습니다. 초등 수학이 탄탄했다면 반복되는 내용을 체크하고 필요한 개념을 추가하는 과정이 되겠지만, 그렇지 못했다면 처음부터 다시 다져가야 합니다.

해당 단원에서 추가되는 주요 개념으로는 앞으로 도형의 성질 문제나 증명에서 중요한 쓰임을 갖게 되는 맞꼭지각, 평행선의 성질(동위각, 엇각), 삼각형의 합동 등이 있습니다.

1) 직선, 반직선, 선분

서로 다른 두 점을 지나는 직선은 오직 하나뿐입니다. 아이는 이미 초등 3학년 과정에서 서로 다른 두 점 A, B를 지나는 직선, 반직선, 선분을 구별하는 법을 배웠습니다. 이제는 이를 반복하면서 간단하게 기호로 나타냅니다. 1학기도 마찬가지이지만, 중등 수학부터는 간단하게 나타내는 수학의 기호에 더 익숙해져야 합니다.

직선 AB → $\overleftrightarrow{AB}$	반직선 AB → $\overrightarrow{AB}$	선분 AB → $\overline{AB}$
←•———•→ A B	·····•———•→ A B	•———• A B

2) 맞꼭지각이란?

두 직선이 한 점에서 만날 때 생기는 네 개의 각 중에서 서로 마주 보는 두 각을 맞꼭지각이라고 하며, 다음과 같은 과정을 통하여 그 크기가 같음을 설명합니다.

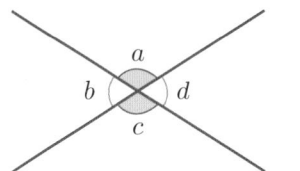
$\angle a + \angle b = \angle c + \angle b = 180°$
$\therefore \angle a = \angle c$ (맞꼭지각)

맞꼭지각은 그 크기가 같음을 이용하여 도형의 성질 문제나 증명에서 많이 사용되는 대표적인 개념입니다.

3) 수직과 수선

다음과 같이 초등 4학년 수직과 수선에 이어, 반복 또는 추가되는 용어를 학습하고 기호를 사용하여 나타냅니다. 도형 영역에서 필요한 기본적인 용어 학습이기도 하니 비슷하게 느껴지는 용어를 헷갈리지 않도록 합니다.

· 수직(직교): 두 직선이 만나서 이루는 각이 직각일 때, 두 직선은 서로 수직(직교)   예) 기호: $l \perp \overline{AB}$

· 수선: 두 직선이 수직일 때, 한 직선은 다른 한 직선의 수선

· 수직이등분선: 한 선분의 중점을 지나고 그 선분에 수직인 직선

· 수선의 발: 한 직선 위에 있지 않은 한 점에서 그 직선에 그은 수선과의 교점   예) 점 H

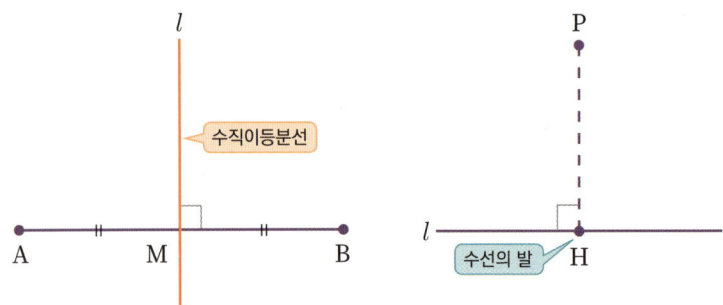

4) 점, 직선, 평면의 위치 관계

평면이나 공간에서 점, 선, 면들이 서로 만나거나 떨어져 있을 때, 어떤 위치 관계를 가질까요? 하나의 예로 나무젓가락 2개를 들고 두 직선의 위치 관계를 생각해보면 좋을 듯합니다.

먼저 종이 위에 두 나무젓가락을 놓고 생각해보겠습니다. 평면에서는 두 직선은 한 점에서 만나거나, 일치하거나, 만나지 않습니다(평행).

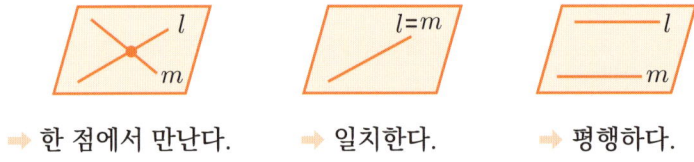

➡ 한 점에서 만난다.   ➡ 일치한다.   ➡ 평행하다.

이번에는 공간에서 두 나무젓가락을 들고 위치 관계를 생각해보겠습니다. 공간에서는 평면에서의 두 직선의 위치 관계가 모두 가능합니다. 여기에 서로 만나지도 않고, 평행하지도 않은 한 경우가 생깁니다. 이를 꼬인 위치라고 합니다.

➡ 꼬인 위치에 있다.   다면체에서 꼬인 위치에 있는 두 모서리

두 직선 외에도 점, 선, 면들이 평면 또는 공간에서 갖는 위치 관계의 경우를 살펴보고, 평면도형인 다각형의 꼭짓점, 변 또는 입체도형인 다면체의 꼭짓점, 모서리, 면들의 위치 관계로 발전하여 생각해봅니다.

5) 평행선의 성질 - 동위각과 엇각

두 직선이 한 직선과 만나서 생기는 각 중에서 서로 같은 위치에 있는 두 각을 동위각, 서로 엇갈린 위치에 있는 두 각을 엇각이라고 합니다. 중요한 것은 이때 두 직선이 평행하면 동위각과 엇각의 크기가 각각 같아진다는 성질입니다. 평행선이 조건으로 주어지는 문제나 증명에서 중요하게 사용되니 꼭 알아두어야 합니다.

평행한 두 직선이 다른 한 직선과 만날 때

① 동위각의 크기는 같다 ($\angle a = \angle b$)   ② 엇각의 크기는 같다 ($\angle c = \angle d$)

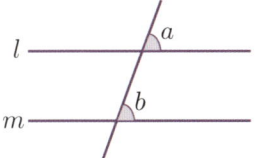 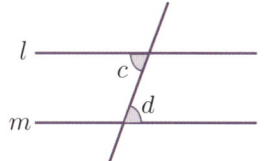

> **중등 연계 : 중 2-2, 평행사변형**

다음 '중 2-2 평행사변형' 문제를 통하여 1학년에서 다룬 맞꼭지각과 평행선의 성질을 이용하는 경우를 살펴보려고 합니다. 1학년에서 다루는 도형의 성질이 얼마나 중요하게 쓰이는지 알아둘 필요가 있습니다. 처음 개념을 배울 때는 쉽다고 생각할 수 있지만, 문제에서의 쓰임은 결코 쉽지 않습니다.

평행사변형 $ABCD$에서 $\angle A$의 이등분선이 $\overline{BC}$와 만나는 점을 E라 하고, $\overline{AE}$의 연장선이 $\overline{DC}$의 연장선과 만나는 점을 F라 하자. $\overline{AB}=8cm$, $\overline{AD}=12cm$이다. $\overline{BE}:\overline{EC}$를 구하여라.

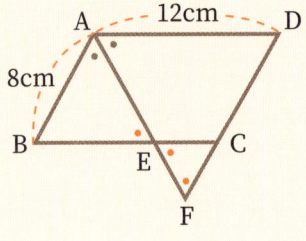

i) $\overline{AB}$와 $\overline{DF}$는 평행하므로,
 $\angle BAF = \angle DFA$(엇각)이고
 $\triangle DAF$는 이등변삼각형이다.
 $\therefore \overline{DA} = \overline{DF} = 12(cm)$, $\overline{CF} = 12-8 = 4(cm)$

ii) $\overline{AD}$와 $\overline{BE}$는 평행하므로,
 $\angle DAE = \angle AEB$(엇각)이고
 $\angle AEB = \angle FEC$(맞꼭지각)이다.
 $\therefore \triangle ABE \backsim \triangle FCE$(AA닮음)이므로
 $\overline{AB}:\overline{FC} = \overline{BE}:\overline{CE} = 2:1$

Ⅰ. 도형의 기초 – 2. 작도와 삼각형의 합동

눈금 없는 자와 컴퍼스만을 이용하여 기본 도형을 그리는 것을 작도라고 합니다. 중1 수학에서는 기본 작도를 이용하여 삼각형을 작도할 수 있는 세 가지 경우를 학습합니다. 각 조건을 만족하여 작도되는 삼각형은 하나의 삼각형임을 확인시켜주지요. 이는 삼각형이 하나로 정해지는 조건, 삼각형의 합동 조건으로 연결됩니다.

1) 눈금 없는 자와 컴퍼스만을 사용하여 도형을 그리는 작도

작도는 눈금 없는 자와 컴퍼스만을 이용하여 도형을 그려야 합니다. 눈금 없는 자는 선분을 그리거나 연장하고, 컴퍼스는 원을 그리거나 선분의 길이를 재어 옮길 때 각각 사용합니다. 다음의 경우를 작도해봅시다.

① 길이가 같은 선분의 작도

: 점 P를 지나는 직선 l을 긋고, $\overline{AB}$의 길이를 재서 옮기기

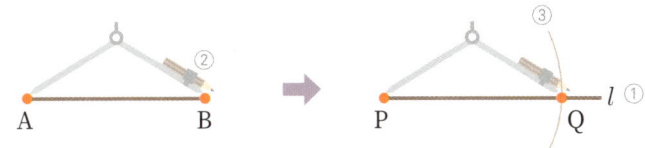

② 크기가 같은 각의 작도

: 반직선 PQ를 한 변으로 하여 $\angle AOB$와 크기가 같은 각을 작도

2) 삼각형의 작도 - 삼각형이 작도되는 세 가지 경우

삼각형의 작도는 '삼각형의 합동'의 원리라는 점에서 중요합니다. 다음 각 조건을 만족하여 작도되는 삼각형은 누가 그리든 하나의 같은 삼각형이 됩니다. 그래서 다음 세 경우는 '삼각형이 하나로 정해지는 조건'과 '삼각형의 합동 조건'으로 이어지게 됩니다.

① 세 변의 길이가 주어질 때

② 두 변의 길이와 그 끼인각의 크기가 주어질 때

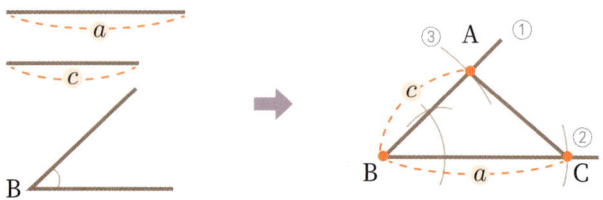

③ 한 변의 길이와 그 양 끝 각의 크기가 주어질 때

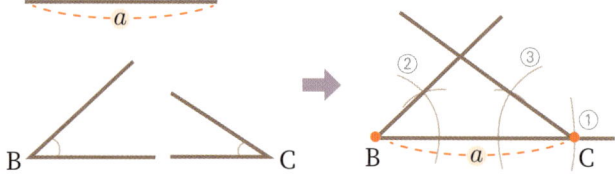

3) 삼각형의 합동 조건 – 삼각형이 서로 합동이 되는 세 가지의 경우

    삼각형의 합동은 단순하게 같은 삼각형을 찾는 것에서 그치지 않습니다. 합동인 삼각형은 대응하는 변의 길이, 대응하는 각의 크기가 같음을 이용하여 문제를 해결하는 데 자주 사용됩니다. 중학교 과정에서 도형에 관련된 증명은 상당 부분 합동인 삼각형을 이용하여 접근합니다. 관련된 문제를 충분히 풀어보며 합동 조건을 마스터하는 연습이 필요합니다.

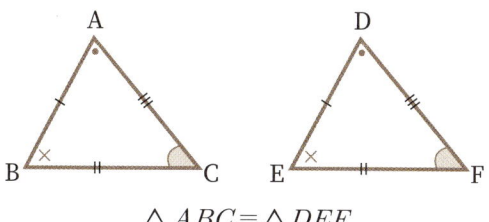

$$\triangle ABC \equiv \triangle DEF$$

① 대응하는 세 변(Side)의 길이가 각각 같을 때 → SSS합동

② 대응하는 두 변(Side)의 길이가 각각 같고, 그 끼인각(Angle)의 크기가 같을 때
  → SAS합동

③ 대응하는 한 변(Side)의 길이가 같고, 그 양 끝 각(Angle)의 크기가 같을 때
  → ASA합동

> ➡ **중등 연계 : 중 2-2. 이등변삼각형**

도형 영역에서는 '삼각형의 합동'을 이용하여 도형의 성질을 증명하는 경우가 대부분입니다. 다음 2학년 이등변삼각형에서 뜻과 성질을 구분하고 성질을 증명하는 과정을 살펴보겠습니다.

두 변의 길이가 같은 삼각형을 이등변삼각형이라 하고, 다음과 같은 두 성질을 갖습니다. 이 두 성질을 증명하기 위해서 꼭지각(∠A)을 이등분하는 선을 긋고, 양쪽에 생긴 삼각형 ABD와 삼각형 ACD가 SAS 합동이 됨을 설명하여 증명합니다.

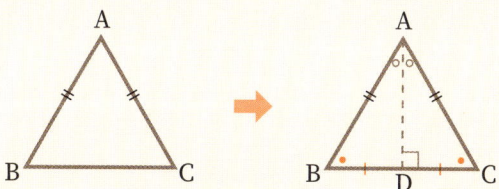

[성질1] 두 밑각의 크기는 같다 ➡ ∠B = ∠C

[성질2] 꼭지각의 이등분선은 밑변을 수직이등분한다
  ➡ $\overline{BD} = \overline{CD}$이고 ∠$ADB$ = ∠ADC = 90°

> **중등 연계 : 중 2-2, 삼각형의 닮음 조건**
>
> 한 도형을 일정한 비율로 확대 또는 축소한 것이 다른 도형과 합동일 때, 이 두 도형은 서로 닮음인 관계에 있다고 합니다. 이때, '삼각형의 합동 조건'처럼, '삼각형의 닮음 조건'도 닮음인 삼각형을 찾아 조건을 나열하고 닮음임을 통하여 문제를 해결하는 중요한 역할을 합니다.
>
>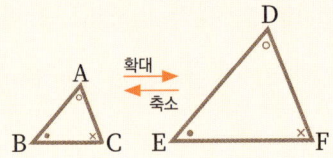
>
> $\triangle ABC \backsim \triangle DEF$
>
> ① 세 쌍의 대응변의 길이의 비가 같을 때 → SSS닮음
>
> ② 두 쌍의 대응변의 길이의 비가 같고, 그 끼인각의 크기가 같을 때 → SAS닮음
>
> ③ 두 쌍의 대응각의 크기가 같을 때 → AA닮음

Ⅰ. 도형의 기초 체크리스트

단원에 대한 이해가 충분했는지, 학습을 마친 자녀와 함께 핵심을 체크해봅니다.

	1단원 마무리 체크	확인 체크 (∨)
1	도형(다각형 또는 다면체)에서 점, 선, 면의 위치 관계를 이해한다.	
2	평행선의 성질(동위각, 엇각)을 활용할 수 있다.	
3	기본 도형의 작도와 삼각형의 작도 원리, 방법을 안다.	
4	삼각형의 작도 조건, 하나로 정해지는 조건, 합동 조건의 연결성을 이해한다.	
5	문제에서 합동인 삼각형을 찾고 합동인 삼각형을 통하여 문제를 해결할 수 있다.	

II. 평면도형과 입체도형 - 1. 다각형, 원과 부채꼴

도형은 평면도형과 입체도형으로 나뉩니다. 먼저 평면도형에 대해 배우게 되는데, 평면도형에는 삼각형, 사각형, 오각형과 같은 다각형만 있는 것이 아닙니다. 다각형이 아닌 원, 부채꼴, 활꼴과 같은 도형도 모두 평면도형입니다. 다음에서 평면도형들을 살펴보겠습니다.

1) 선분으로 둘러싸인 평면도형-다각형

삼각형, 사각형, 오각형과 같은 다각형은 익숙하게 다루었던 평면도형입니다. 초등 4학년 수학에서 다각형, 대각선, 내각의 크기의 합 등을 이미 배웠습니다. 중 1-2에서는 이를 반복하면서 공식으로 다져나갑니다. 다음은 다각형이 n 각형일 때, 공식으로 정리한 것입니다.

① 한 꼭짓점에서 그을 수 있는 대각선의 개수 : $(n-3)$개
② 대각선의 총개수 : $\dfrac{n(n-3)}{2}$ 개
③ 한 꼭짓점에서 대각선을 그었을 때 생기는 삼각형의 개수 : $(n-2)$개
④ 내각의 크기의 합 : $180° \times (n-2)$
⑤ 외각의 크기의 합 : $360°$

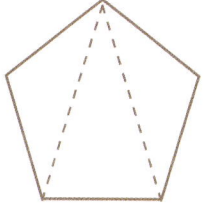

예) 오각형일 때, $n=5$

2) 원과 부채꼴

'원=동그라미'가 익숙하시죠? 수학에서 정의하는 원은 평면 위의 한점으로부터 일정한 거리에 있는 점으로 이루어진 평면도형입니다. 이러한 원

과 관련하여 호, 현, 부채꼴, 활꼴을 알아봅니다.

또, 초등 6학년 때 배웠던 원의 둘레와 넓이는 중1-2에서 부채꼴의 호의 길이와 넓이로 연결됩니다. 물론 가장 큰 변화는 원주율(3.141592⋯)을 파이(π)로 사용하여 공식을 정리한다는 것이지요.

① 원과 부채꼴

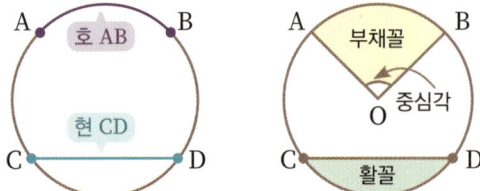

② 원의 둘레와 넓이

반지름의 길이가 r일 때,

ⅰ) 원의 둘레의 길이는 $2\pi r$

ⅱ) 원의 넓이는 πr^2

ⅲ) 부채꼴의 호의 길이(l)와 넓이(S)

반지름의 길이가 r, 중심각의 크기가 $x°$, 부채꼴의 호의 길이가 l일 때

$l = 2\pi r \times \dfrac{x}{360}$

$S = \pi r^2 \times \dfrac{x}{360}$ (또는 $S = \dfrac{1}{2} rl$)

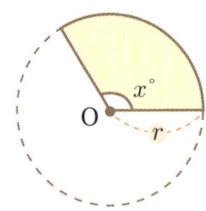

> **중등 연계 : 중 3-2. 원의 성질**

1학년 원의 단원에서 다룬 내용은 기초 수준에 불과합니다. 3학년 원의 성질에서는 중심각, 현, 호 등 원의 기초를 기반으로, 삼각형 합동 조건, 피타고라스 정리, 삼각비 등의 개념과 유형이 접목됩니다. 원과 직선, 원주각 등 원의 성질을 증명하고 파악하는 것으로 시작하며, 응용 능력을 쌓아가야 합니다. 다음은 원주각에 대한 설명입니다. 원의 기초 개념을 토대로 살펴보시길 바랍니다.

다음 원 O의 호 AB위에 있지 않은 점 P에 대하여 $\angle APB$를 호 AB에 대한 원주각이라고 합니다. 이때, 한 호에 대한 원주각의 크기는 그 호에 대한 중심각의 크기의 $\frac{1}{2}$이 됩니다. → $\angle APB = \frac{1}{2} \angle AOB$

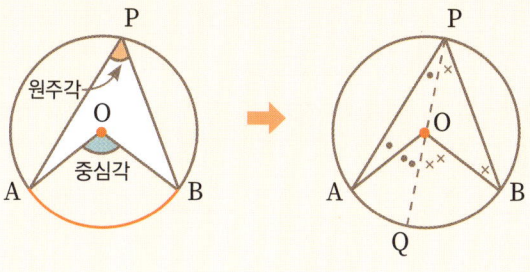

Ⅱ. 평면도형과 입체도형 – 2. 다면체, 회전체, 입체도형의 겉넓이와 부피

입체도형에는 사면체, 오면체, 육면체와 같은 다면체만 있는 것은 아닙니다. 평면도형을 한 직선을 축으로 하여 1회전 할 때 생기는 원기둥, 원뿔, 원뿔대, 구 등과 같은 회전체도 입체도형입니다. 이번 단원은 초등 6학년 과정에서 살펴본 입체도형의 확장 단원입니다.

1) 다각형인 면으로만 둘러싸인 입체도형-다면체

다면체는 면의 개수에 따라 사면체, 오면체, 육면체라 하기도 하고, n 각형인 밑면과 옆면의 모양에 따라 n 각기둥, n 각뿔, n 각뿔대라 하기도 합니다.

2) 딱 5개뿐인 정다면체

다면체 중에서 'ⅰ) 각 면이 서로 합동인 정다각형이고, ⅱ) 각 꼭짓점에 모여있는 면의 개수가 같다'는 이 두 조건을 모두 만족하는 다면체를 정다면체라 합니다. 딱 5개만 존재합니다.

	정사면체	정육면체	정팔면체	정십이면체	정이십면체
겨냥도					
면의 모양	정삼각형	정사각형	정삼각형	정오각형	정삼각형
한 꼭지점에 모인 면의 개수	3	3	4	3	5

정다면체가 5개뿐인 이유를 생각해보고 정다면체의 꼭짓점, 모서리, 면의 개수 등을 구해봅니다. 작은 팁이라면, 정사면체, 정육면체, 정팔면체 정도는 겨냥도 그리는 연습을 해두도록 합니다. 익숙해진다면 앞으로 요긴하게 쓰일 것입니다.

3) 평면도형을 한 직선을 축으로 1회전시킬 때 생기는 입체도형-회전체

회전체에는 원기둥, 원뿔, 원뿔대, 구 등이 있습니다. 이때, 회전체를 회전축에 수직인 평면으로 자르거나 회전축을 포함하는 평면으로 잘랐을 때의 단면의 성질을 비교하여 알아둡니다.

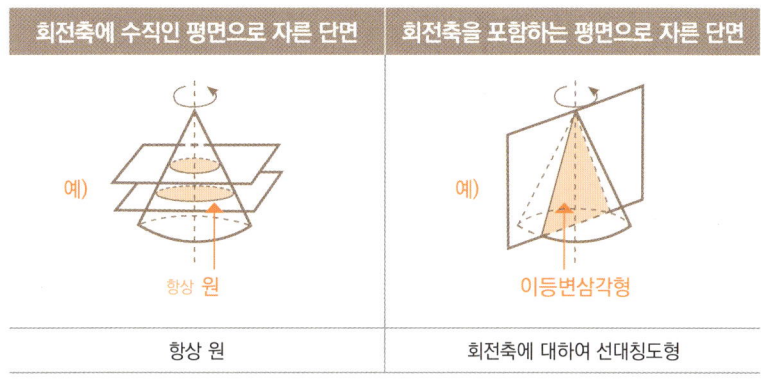

회전축에 수직인 평면으로 자른 단면	회전축을 포함하는 평면으로 자른 단면
항상 원	회전축에 대하여 선대칭도형

4) 입체도형의 겉넓이와 부피 구하기

기둥(각기둥과 원기둥), 뿔(각뿔과 원뿔), 구의 겉넓이와 부피를 구하기 위해서는 몇 가지 실험을 통한 접근이 필요합니다. 공식만 외우고 계산할 때 사용할 것이 아니라, 공식의 원리를 알아야 합니다.

[실험 1] (뿔의 부피) = $\frac{1}{3}$ × (기둥의 부피)
→ 뿔에 가득 찬 물을 밑면이 합동이고 높이가 같은 기둥에 부으면 물의 높이는 기둥 높이의 $\frac{1}{3}$ 이다.

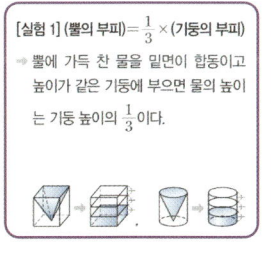

[실험 2] (구의 부피) = $\frac{2}{3}$ × (기둥의 부피)
→ 원기둥 모양의 통에 꼭 들어맞는 공이 있다. 물을 가득 채운 통에 공을 완전히 잠길 때까지 넣었다가 꺼내면 남아 있는 물의 높이는 통의 높이의 $\frac{1}{3}$ 이다.

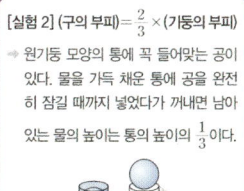

[실험 3] (반지름이 r인 구의 겉넓이) = (반지름이 $2r$인 원의 넓이)
→ 구의 겉면을 감았던 실을 풀어 평면 위에 원을 만들면 원의 반지름은 구의 반지름의 2배이다.

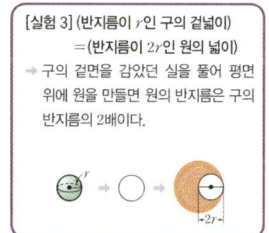

[출처: 봄 중학수학]

① (기둥의 겉넓이)=(밑넓이)×2+(옆넓이), (기둥의 부피)=(밑넓이)×(높이)

② (뿔의 겉넓이)=(밑넓이)+(옆넓이), (뿔의 부피)=$\frac{1}{3}$×(밑넓이)×(높이)

③ 구의 반지름의 길이가 r일 때, (구의 겉넓이)=$4\pi r^2$, (구의 부피)=$\frac{4}{3}\pi r^3$

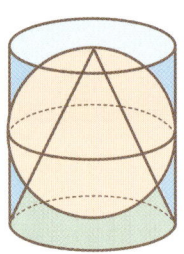

II. 평면도형과 입체도형 체크리스트

단원에 대한 이해가 충분했는지, 학습을 마친 자녀와 함께 핵심을 체크해봅니다.

	2단원 마무리 체크	확인 체크 (∨)
1	다각형에 관한 공식(대각선, 내각, 외각)을 안다.	
2	원과 부채꼴에 관한 길이와 넓이 구하는 공식을 안다.	
3	5개의 정다면체 특징을 정확하게 안다.	
4	입체도형의 겨냥도를 그리는 연습을 하였다.	
5	입체도형의 겉넓이와 부피 구하는 과정에서 계산이나 부호의 실수가 없다.	
6	기둥, 뿔, 구의 부피 관계를 알고 공식을 안다.	

III. 통계 – 대푯값, 도수분포표와 상대도수

일상에서도 어떤 데이터를 정리하거나 분석하는 일은 매우 빈번하게 일어납니다. 필요에 따라 월별 강수량, 반별 학생들의 성적, 특정 제품에 선호도 등 다양한 곳에서 다양한 형태의 정보를 만날 수 있습니다. 그러다 보니 더욱더 자료를 정리하고 해석하는 능력이 중요할 수밖에 없습니다.

우리는 이미 초등 4학년 막대그래프와 꺾은선그래프, 초등 6학년 비율그래프인 원그래프와 띠그래프를 통하여 자료를 정리하고 해석해보았습니다. 그렇다면 통계는 어떻게 확장되어갈까요?

자료의 양이 너무 많다면 그대로 나열하여 기록하기 어렵고 자료를 살펴보는 것이 복잡합니다. 그래서 중1 통계에서는 자료의 값을 구간별로 나누어 표나 그래프로 정리하는데, 이것이 도수분포표, 히스토그램, 도수분포다각형입니다. 초등 과정에서 다룬 통계와 비교하면서 살펴보도록 합니다.

1) 자료의 특징을 나타낸 값-대푯값

대푯값에는 가장 많이 사용하는 '평균', 크기순으로 자료(변량)를 나열하였을 때 중앙에 위치한 '중앙값', 가장 많이 나타나는 '최빈값' 등이 있습니다. 각 대푯값을 구해보며 장단점을 알아두어야 합니다.

2) 그림이나 표로 나타내기-줄기와 잎 그림, 도수분포표

줄기와 잎 그림은 자료(변량)의 큰 자리의 숫자를 줄기, 작은 자리의 숫자를 잎에 나타내어 자료의 분포 상태를 나타냅니다. 하지만 변량이 너무 많은 경우에는 정리하기 어렵다 보니, 변량을 일정한 간격으로 나눈 구간(계급)에 각각 속하는 자료의 수(도수)를 정리하여 도수분포표로 나타낼 수 있습니다.

20명의 수학 점수 (단위: 점)
53 79 80 80 87
90 60 80 83 72
80 73 67 55 75
95 85 79 60 98

줄기와 잎 그림 (5∣3은 53점)	
줄기	잎
5	3 5
6	0 0 7
7	2 3 5 9 9
8	0 0 0 0 3 5 7
9	0 5 8

도수분포표	
수학점수(점)	도수(명)
50이상 ~ 60미만	2
60 ~ 70	3
70 ~ 80	5
80 ~ 90	7
90 ~ 100	3
합계	20

3) 그래프로 나타내기-히스토그램과 도수분포다각형

이번에는 도수분포표를 기반으로 그래프를 그려봅니다. 가로축에는 계급, 세로축에는 도수를 표시하여 직사각형 모양으로 나타낸 히스토그램과 히스토그램에서 각 직사각형의 윗변의 중점을 찍어 연결한 다각형 모양의 그래프인 도수분포다각형이 있습니다. 모두 자료의 변량을 계급으로 나눈 탓에 정확한 변량을 알 수 없다는 큰 특징이 있습니다.

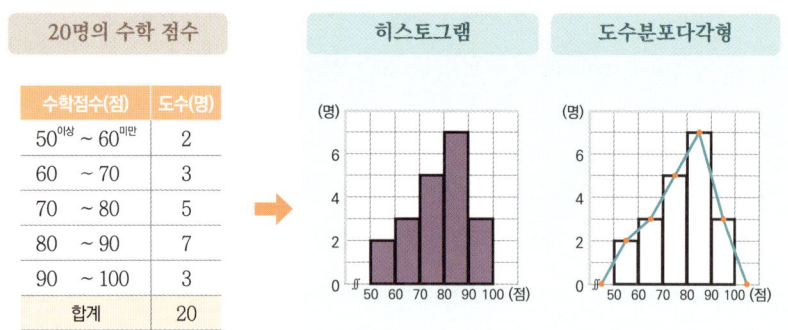

4) 상대도수

전체 도수에 대한 각 계급에 해당하는 도수의 비율을 상대도수라고 합니다. 상대도수는 도수의 총합이 다른 두 개 이상의 자료 분포 상태를 비교할 때 유용하게 쓰입니다. 수의 크기를 비교할 때는 분수보다 소수가 편하다 보니 상대도수는 일반적으로 소수로 나타냅니다.

➡ (계급의 상대도수) = $\dfrac{(계급의\ 도수)}{(도수의\ 총합)}$

수학 점수(점)	도수(명)	상대도수
$50^{이상}$ ~ $60^{미만}$	2	$0.1\,(=\dfrac{2}{20})$
60 ~ 70	3	$0.15\,(=\dfrac{3}{20})$
70 ~ 80	5	$0.25\,(=\dfrac{5}{20})$
80 ~ 90	7	$0.35\,(=\dfrac{7}{20})$
90 ~ 100	3	$0.15\,(=\dfrac{3}{20})$
합계	20	1

➡ 중등 연계 : 중 3-2, 산포도

다음 A반과 B반 각각 5명의 점수의 평균은 80점으로 같으나, 점수의 분포 상태는 다릅니다. 평균에 모여있는지 흩어져 있는지, 그 정도를 하나의 수로 나타낸 값이 산포도입니다. 산포도에는 분산과 표준편차가 가장 많이 쓰입니다.

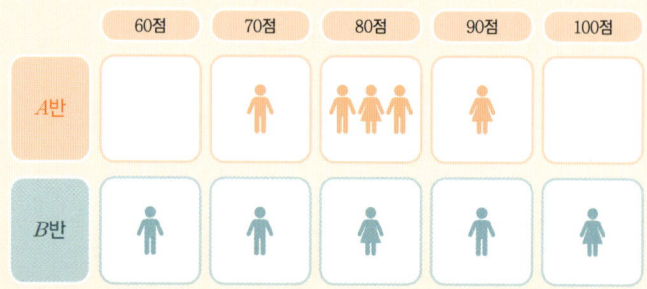

'실제 점수와 평균 점수와의 차'와 같이 '어떤 자료의 변량과 평균의 차'를 편차라고 합니다. 편차는 양수일 수도, 0일 수도, 음수일 수도 있습니다. 편차의 절댓값이 클수록 평균과 멀리 떨어져 있음을 알 수 있지요.

이때 편차들의 평균을 구하고 싶지만, 편차의 총합은 0이 되기 때문에 제곱하여 평균을 구합니다. 이것이 바로 분산이며, $\sqrt{(분산)}$이 표준편차입니다. 분산과 표준편차가 작을수록 변량이 평균에 가까이 모여있음을 의미합니다.

1) A반 점수가 다음과 같고 평균이 80점일 때

점수(점)	70	80	80	80	90
편차(점)	-10	0	0	0	+10

$$(분산) = \frac{(-10)^2 + 0^2 + 0^2 + 0^2 + (+10)^2}{5} = 40$$
$$(표준편차) = \sqrt{40} = 2\sqrt{10}$$

2) B반 점수가 다음과 같고 평균이 80점일 때

점수(점)	60	70	80	90	100
편차(점)	-20	-10	0	+10	+20

$$(분산) = \frac{(-20)^2 + (-10)^2 + 0^2 + (+10)^2 + (+20)^2}{5} = 200$$
$$(표준편차) = \sqrt{200} = 10\sqrt{2}$$

Ⅲ. 통계 체크리스트

단원에 대한 이해가 충분했는지, 학습을 마친 자녀와 함께 핵심을 체크해봅니다.

	3단원 마무리 체크	확인 체크 (∨)
1	평균, 중앙값, 최빈값을 구할 수 있고, 특징을 안다.	
2	도수분포표의 용어(계급, 도수, 계급의 크기, 계급값 등)를 구별하여 사용한다.	
3	도수분포표, 히스토그램, 도수분포다각형을 해석하는 데 어려움이 없다.	
4	공식을 이용하여 상대도수, 계급의 도수, 도수의 총합을 각각 구할 수 있다.	
5	상대도수의 표나 그래프에서 도수의 총합이 다른 두 개 이상의 자료를 비교할 수 있다.	

하나 더! 중 2-2 피타고라스 정리와 중 3-2 삼각비

1학년의 직접적인 연계 단원은 아니지만, 부모님들조차 수학하면 떠오르는 공식 중 하나가 피타고라스 정리일 듯합니다. 도형의 기초를 기반으로, 피타고라스의 정리를 짧게 살펴보시길 바랍니다.

삼각비 단원은 고등과정으로 연계되는 중요한 단원이나, 3학년 2학기에서 잠깐 다루다 보니 자칫 소홀하게 지나치는 경우가 있습니다. 중요한 부분을 놓치지 않고 학습을 준비할 수 있도록 당부드립니다. 중 2, 3학년 2학기에서 다루는 연결 단원으로 삼각형의 닮음, 피타고라스 정리, 삼각비, 원의 성질 등을 살펴보시길 바랍니다.

➡ 중등 연계 중 2-2 '피타고라스 정리'

피타고라스 정리는 직각삼각형 ABC에서 직각을 낀 두 변의 길이를 각각 a, b라 하고, 빗변의 길이를 c라 하면 $a^2 + b^2 = c^2$이 성립한다는 것입니다. 이는 많은 수학자들에 의하여 다양한 방법으로 증명되었습니다.

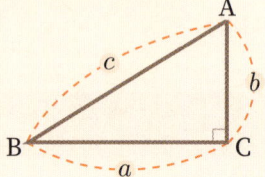

다음은 그 중 피타고라스의 증명 방법입니다. 직각삼각형 ABC에서 두 변 AC, BC를 연장하여 한 변의 길이가 $a + b$인 정사각형 $CDEF$를 만듭니다. 이 정사각형의 넓이를 이용하여 피타고라스 정리를 증명할 수 있습니다.

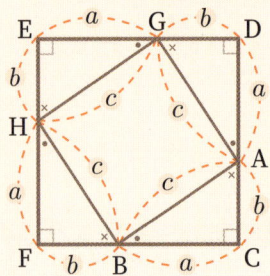

$$\square CDEF = 4 \times \triangle ABC + \square AGHB$$
$$(a+b)^2 = 4 \times \frac{1}{2}ab + c^2$$
$$\therefore a^2 + b^2 = c^2$$

중등 연계 중 3-2 '삼각비'

직각삼각형은 세 변으로 둘러싸여 있습니다. 이때, 직각이 아닌 한 예각을 기준으로 하면 세 변을 밑변, 높이, 빗변으로 정할 수 있지요. 이 중 두 변의 길이의 비를 삼각비라고 합니다. 중학교 과정의 삼각비는 다음과 같이 사인(sin), 코사인(cos), 탄젠트(tan)를 배우게 됩니다.

$$(\angle A\text{의 사인}) = \frac{(높이)}{(빗변의 길이)} \Rightarrow \sin A = \frac{a}{b}$$

$$(\angle A\text{의 코사인}) = \frac{(밑변의 길이)}{(빗변의 길이)} \Rightarrow \cos A = \frac{c}{b}$$

$$(\angle A\text{의 탄젠트}) = \frac{(높이)}{(밑변의 길이)} \Rightarrow \tan A = \frac{a}{c}$$

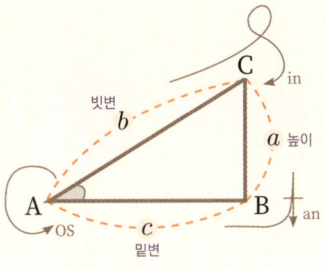